D1396113

HARRAP'S

French
Verbs

Compiled by LEXUS
with Sabine Citron

HARRAP

First published in Great Britain 1987
by HARRAP Ltd
19-23 Ludgate Hill London EC4M 7PD

© *Harrap Limited* 1987

ISBN 0 245-54581-6

Printed in Great Britain by
Richard Clay (The Chaucer Press) Ltd,
Bungay, Suffolk

CONTENTS

THE MAIN VERB CATEGORIES

There are three main conjugations in French, distinguished by the ending of their infinitive:

A. verbs in -ER
B. verbs in -IR
C. verbs in -RE

A. FIRST CONJUGATION: VERBS IN -ER

Most of these follow the pattern of **chanter** ('to sing'), which is given in full in table 31. But see below **D.** for standard irregularities.

B. SECOND CONJUGATION: VERBS IN -IR

Most of these follow the pattern of **finir** ('to finish'), which is given in full in table 92.

C. THIRD CONJUGATION: VERBS IN -RE

These follow several different patterns, to which the INDEX will refer you.

D. STANDARD IRREGULARITIES OF THE FIRST CONJUGATION

1. *Verbs in -cer*
   These require a cedilla under the **c** before an **a** or an **o** to preserve the soft sound of the **c**. The model for these verbs is **commencer** ('to begin'), given in full in table 34. For example:

   je commence *but* **nous commençons**
   nous commencions *but* **je commençais**

2. *Verbs in -ger*
   These require an **e** after the **g** before an **a** or an **o** to preserve the soft sound of the **g**. The model for these verbs is **manger** ('to eat'), given in full in table 116. For example:

   je mange *but* **nous mangeons**
   nous mangions *but* **je mangeais**

3. *Verbs in -eler*
   Some of these double the **l** before a silent **e** (changing **-el-** to **-ell-**). The model for these verbs is **appeler** ('to call'), given in full in table 14. For example:

   j'appelle *but* **vous appelez**
   il appellera *but* **il appela**

   Others change **-el-** to **-èl-** before a silent **e**. The model for these verbs is **peler** ('to peel'), given in full in table 142. For example:

   je pèle *but* **je pelai**
   il pèlera *but* **il pelait**

   By consulting the INDEX you can find out which pattern a particular verb follows.

4. *Verbs in -eter*
   Some of these double the **t** before a silent **e** (changing **-et-** to **-ett-**). The model for these verbs is **jeter** ('to throw'), given in full in table 108. For example:

   je jette *but* **je jetais**
   il jettera *but* **il jeta**

   Others change **-et-** to **-èt-** before a silent **e**. The model for these verbs is **acheter** ('to buy'), given in full in table 3. For example:

> **j'achète** *but* **j'achetai**
> **vous achèterez** *but* **vous achetiez**

By consulting the INDEX you can find out which pattern a particular verb follows.

5. *Verbs in e + consonant + er,* namely **-ecer**, **-emer**, **-ener**, **-eser** and **-ever**, as well as **-evrer**, follow the general pattern of **acheter** and **peler**, changing their **-e-** to **-è-** before a silent e. Individual models for these verbs are given in the tables: **dépecer** (58), **semer** (185), **mener** (119), **peser** (146), **élever** (73), **sevrer** (190). For example:

> **je pèse** *but* **je pesais**
> **nous mènerons** *but* **nous menions**

6. *Verbs in é + consonant + er,* namely **-écer**, **-éder**, **-éger**, **-éler**, **-émer**, **-éner**, **-érer**, **-éser** and **-éter**, as well as **-ébrer**, **-écher**, **-écrer**, **-égler**, **-égner**, **-égrer**, **-éguer**, **-équer** and **-étrer**, change the **-é-** to **-è-** before a silent e in the present indicative and subjunctive, but not in the future and conditional. Models for these verbs are given in the tables: **rapiécer** (165), **céder** (29), **protéger** (163), **révéler** (178), **écrémer** (71), **réfréner** (167), **préférer** (156), **léser** (114), **compléter** (35), **célébrer** (30), **sécher** (184), **exécrer** (88), **régler** (168), **régner** (169), **intégrer** (104), **léguer** (113), **disséquer** (64), **pénétrer** (143). For example:

> **je préfère** *but* **je préférerai**
> **il célèbre** *but* **il célébrerait**

7. *Verbs in -oyer and -uyer*
The y changes to i before a silent e. The models for these verbs are **nettoyer** (129) and **ennuyer** (78). For example:

> **je nettoierai** *but* **je nettoyais**
> **tu ennuie** *but* **tu ennuya**

8. NOTE: Verbs in **-ayer** (like **payer**, 140) do not generally change the y to i, although this spelling also exists.

USE OF TENSES

A. INDICATIVE

1. *PRESENT*

   The present is used to describe a current state of affairs or an action taking place at the time of speaking:

   > **il *travaille* dans un bureau**
   > he *works* in an office

   > **ne le dérangez pas, il *travaille***
   > don't disturb him, he *is working*

   It can also be used to express the immediate future:

   > **je *pars* demain**
   > I'*m leaving* tomorrow

2. *IMPERFECT*

   The imperfect is a past tense used to express what someone was doing or what someone used to do or to describe something in the past. The imperfect refers particularly to something that *continued* over a period of time, as opposed to something that happened at a specific point in time:

   > **il *prenait* un bain quand le téléphone a sonné**
   > he *was having* a bath when the phone rang

   > **je le *voyais* souvent quand il habitait dans le quartier**
   > I *used to see* him often when he lived in this area

   > **elle *portait* une robe bleue**
   > she *was wearing* a blue dress

3. *PERFECT*

   The perfect is a compound past tense, used to express *single* actions which have been completed, ie what someone did or what someone has done/has been doing or something that has happened or has been happening:

   > **je lui *ai écrit* lundi**
   > I *wrote* to him on Monday

j'*ai lu* toute la journée
I'*ve been reading* all day

NOTE: In English, the simple past ('did', 'went', 'prepared') is used to describe both single and repeated actions in the past. In French, the perfect only describes single actions in the past, while repeated actions are expressed with the imperfect. Thus 'I went' should be translated '**j'allais**' or '**je suis allé**' depending on the nature of the action:

après dîner, je *suis allé* en ville
after dinner, I *went* to town

l'an dernier, j'*allais* plus souvent au cinéma
last year, I *went* to the pictures more often

4. *PAST HISTORIC*
This tense is used in the same way as the perfect tense, to describe a single, completed action in the past (what someone did or something that happened). It is a *literary* tense, not used in everyday spoken French. It is mainly found in *written* form as a narrative tense:

le piéton ne *vit* pas arriver la voiture
the pedestrian *didn't see* the car coming

5. *PLUPERFECT*
This compound tense is used to express what someone had done/had been doing or something that had happened or had been happening:

elle était essoufflée parce qu'elle *avait couru*
she was out of breath because she *had been running*

6. *FUTURE*
This tense is used to express what someone will do or will be doing or something that will happen or will be happening:

je *ferai* la vaisselle demain
I'*ll wash up* tomorrow

7. *PAST ANTERIOR*
This tense is used instead of the pluperfect tense to express an action that preceded another action in the past (ie a past in the

past). It is usually introduced by a conjunction of time (translated by 'when', 'as soon as', 'after' etc):

> **il se coucha dès qu'ils *furent partis***
> he went to bed as soon as they *had left*

8. *FUTURE PERFECT*
This compound tense is used to describe what someone will have done/will have been doing in the future or to describe something that will have happened in the future:

> **appelle-moi quand tu *auras fini***
> call me when you'*ve finished*

B.   IMPERATIVE

The imperative is used to give orders:

mange ta soupe !	eat your soup!
n'aie pas peur !	don't be afraid!
partons !	let's go!
entrez !	come in!

C.   CONDITIONAL

1. *CONDITIONAL PRESENT*
This tense is used to describe what someone would do or would be doing or what would happen (if something else were to happen):

> **si j'étais riche, j'*achèterais* un château**
> if I were rich, I *would buy* a castle

It is also used in indirect questions or reported speech instead of the future:

> **il ne m'a pas dit s'il *viendrait***
> he didn't tell me whether he *would come*

2. *PAST CONDITIONAL*
This tense is used to express what someone would have done or would have been doing or what would have happened:

> **si j'avais su, j'*aurais apporté* du pain**
> if I had known, I *would have brought* some bread

D. SUBJUNCTIVE

The subjunctive is used to express doubts, wishes, necessity etc. It appears only in subordinate clauses and is introduced by the conjunction *que*.

1. *PRESENT SUBJUNCTIVE*

    il veut que je *parte*
    he wants me *to go away*

    il faut que tu *restes* ici
    you have *to stay* here

2. *IMPERFECT SUBJUNCTIVE*
    The imperfect subjunctive, used in past subordinate clauses, is very rare in conversation and is mainly found in literature or in texts of a formal nature

    je craignais qu'il ne *se fachât*
    I was afraid that he *would get angry*

3. *PERFECT SUBJUNCTIVE*
    The past subjunctive is used when the action expressed in the subordinate clause happens before another action:

    je veux que tu *aies terminé* quand je reviendrai
    I want you to *be finished* when I come back

E. INFINITIVE

1. *PRESENT INFINITIVE*
    This is the basic form of the verb. It is recognized by its ending, which is found in three forms corresponding to the three conjugations: **-er, -ir, -re**.
    These endings give the verb the meaning 'to …':

acheter	to buy
choisir	to choose
vendre	to sell

2. *PAST INFINITIVE*
    The past infinitive is used instead of the present infinitive when the action expressed by the infinitive happens before the main

action or before what is referred to by the main verb:

je regrette d'*avoir menti*
I'm sorry I *lied* (for *having lied*)

F. PARTICIPLE

1. *PRESENT PARTICIPLE*

This corresponds to the English participle in *-ing* ('eating'), but is less commonly used (French prefers constructions with the infinitive):

en marchant
while walking

2. *PAST PARTICIPLE*

This translates the English past participle ('eaten', 'arrived') and is used to form all the compound tenses:

un pneu *crevé*
a *burst* tyre

j'ai trop *mangé*
I've *eaten* too much

For rules governing the agreement of the past participle, see pages xv-xvi.

THE AUXILIARIES 'ETRE' AND 'AVOIR' IN COMPOUND TENSES

Compound tenses of verbs — such as the past historic, the pluperfect etc — are formed by using the appropriate form of the auxiliary verbs 'avoir' or 'être' and the past participle of the main verb:

il a perdu
he lost

je suis parti
I left

AUXILIARY 'AVOIR' OR 'ETRE'?

1. *'AVOIR'* is used to form the compound tenses of most verbs.

2. *'ETRE'* is used to form the compound tenses of:

a. reflexive verbs:

je me *suis* baigné
I had a bath

ils se *sont* rencontrés à Paris
they met in Paris

b. the following verbs (mainly verbs of motion):

aller	to go
arriver	to arrive
descendre	to go/come down
devenir	to become
entrer	to go/come in
monter	to go/come up
mourir	to die
naître	to be born
partir	to go away
passer	to pass, to go through
rentrer	to go in/home

rester	to stay
retourner	to go back
sortir	to go/come out
tomber	to fall
venir	to come

and most of their compounds (eg **repartir**, **survenir** etc).
Some of these verbs can be used transitively, ie with a direct
object (taking on a different meaning). They are then
conjugated with '**avoir**':

il *est* sorti par la fenêtre
he went out through the window

but

il *a* sorti un mouchoir de sa poche
he took a handkerchief from his pocket

elle *est* retournée en France
she's gone back to France

but

elle *a* retourné la lettre à l'expéditeur
she returned the letter to the sender

In the INDEX, verbs are always cross-referenced to a verb
taking the same auxiliary, unless otherwise stated in a footnote.

AGREEMENT OF THE PAST PARTICIPLE

A. USE AS AN ADJECTIVE

When it is used as an adjective, the past participle always agrees with the noun or pronoun it refers to:

>**une pomme** *pourrie*
>a rotten apple

>**ils étaient** *fatigués*
>they were tired

B. IN COMPOUND TENSES

1. *WITH THE AUXILIARY 'AVOIR'*
    With the auxiliary '**avoir**' the past participle does not normally change:

>**elles ont** *mangé* **des frites**
>they ate some chips

The past participle only agrees in number and gender with the direct object when the direct object comes *before* the participle, ie in the following cases:

a. *in a clause introduced by the relative pronoun* '**que**'

>**la valise qu'il a** *perdue*
>the suitcase he lost

b. *with a direct object pronoun*

>**ta lettre ? je l'ai** *reçue* **hier**
>your letter? I got it yesterday

c. *in a clause introduced by* '**combien de**', '**quel**', '**quelle**' *etc, or* '**lequel**', '**laquelle**' *etc*

>**combien de pays as-tu** *visités?*
>how many countries did you visit?

2. WITH THE AUXILIARY 'ETRE'
   In the following cases the past participle agrees with the subject of the verb:

a. *ordinary verbs with '*être*'*

   > **elle était déjà *partie***
   > she had already left

b. *the passive*

   > **les voleurs ont été *arrêtés***
   > the thieves have been arrested

c. *reflexive verbs*
   The past participle of reflexive verbs agrees with the subject of the verb:

   > **Marie s'est *endormie***
   > Marie fell asleep

   > **ils se sont *disputés***
   > they had an argument

BUT when the reflexive pronoun is an *indirect object*, the past participle does not agree with the subject of the verb:

   > **elles se sont *écrit***
   > they wrote to each other

   This is also the case where parts of the body are mentioned:

   > **elle s'est *lavé* les cheveux**
   > she washed her hair

THE PASSIVE

The passive is used when the subject of the verb does not perform the action, but is subjected to it, eg:

> the house *has been sold*
>
> he *was made* redundant

Passive tenses are formed with the corresponding tense of the verb '**être**' ('to be', as in English), followed by the past participle of the verb:

> **j'ai été invité**
> I was invited

The past participle must agree with its subject:

> **elle a été renvoyée**
> she has been dismissed

The passive is far less common in French than in English. It is often replaced by other constructions:

> *on m'a volé* **mon portefeuille**
> my wallet has been stolen

> **mon correspondant** *m'a invité*
> I've been invited by my penfriend

> **elle** *s'appelle* **Anne**
> she is called Anne

> **il** *s'est fait renverser* **par une voiture**
> he was run over by a car

In the following verb table we give one model verb, '**être aimé**', in the passive voice. Other verbs follow the same pattern.

ETRE AIME
to be loved

PRESENT	**IMPERFECT**	**FUTURE**
je suis aimé(e)	j'étais aimé(e)	je serai aimé(e)
tu es aimé(e)	tu étais aimé(e)	tu seras aimé(e)
il (elle) est aimé(e)	il (elle) était aimé(e)	il (elle) sera aimé(e)
nous sommes aimé(e)s	nous étions aimé(e)s	nous serons aimé(e)s
vous êtes aimé(e)s	vous étiez aimé(e)(s)	vous serez aimé(e)(s)
ils (elles) sont aimé(e)s	ils (elles) étaient aimé(e)s	ils (elles) seront aimé(e)s

PAST HISTORIC	**PERFECT**	**PLUPERFECT**
je fus aimé(e)	j'ai été aimé(e)	j'avais été aimé(e)
tu fus aimé(e)	tu as été aimé(e)	tu avais été aimé(e)
il (elle) fut aimé(e)	il (elle) a été aimé(e)	il (elle) avait été aimé(e)
nous fûmes aimé(e)s	nous avons été aimé(e)s	nous avions été aimé(e)s
vous fûtes aimé(e)(s)	vous avez été aimé(e)(s)	vous aviez été aimé(e)(s)
ils (elles) furent aimé(e)s	ils (elles) ont été aimé(e)s	ils (elles) avaient été aimé(e)s

PAST ANTERIOR	**FUTURE PERFECT**
j'eus été aimé(e) etc	j'aurai été aimé(e) etc

IMPERATIVE	**CONDITIONAL**	
	PRESENT	**PAST**
sois aimé(e)	je serais aimé(e)	j'aurais été aimé(e)
soyons aimé(e)s	tu serais aimé(e)	tu aurais été aimé(e)
soyez aimé(e)(s)	il (elle) serait aimé(e)	il (elle) aurait été aimé(e)
	nous serions aimé(e)s	nous aurions été aimé(e)s
	vous seriez aimé(e)(s)	vous auriez été aimé(e)(s)
	ils (elles) seraient aimé(e)s	ils (elles) auraient été aimé(e)s

SUBJUNCTIVE

PRESENT	**IMPERFECT**	**PERFECT**
je sois aimé(e)	je fusse aimé(e)	j'aie été aimé(e)
tu sois aimé(e)	tu fusses aimé(e)	tu aies été aimé(e)
il (elle) soit aimé(e)	il (elle) fût aimé(e)	il (elle) ait été aimé(e)
nous soyons aimé(e)s	nous fussions aimé(e)s	nous ayons été aimé(e)s
vous soyez aimé(e)(s)	vous fussiez aimé(e)(s)	vous ayez été aimé(e)(s)
ils (elles) soient aimé(e)s	ils (elles) fussent aimé(e)s	ils (elles) aient été aimé(e)s

INFINITIVE	**PARTICIPLE**
PRESENT	**PRESENT**
être aimé(e)(s)	étant aimé(e)(s)
PAST	**PAST**
avoir été aimé(e)(s)	été aimé(e)(s)

DEFECTIVE VERBS

Defective verbs are verbs that are not used in all tenses or persons. Most of them are no longer commonly used, or are used only in a few set expressions. However, since their conjugation follows irregular patterns, we have given a selection of these verbs in the following tables:

211	**accroire**
5	**advenir**
211	**apparoir**
66	**braire** (*note*)
32	**choir**
33	**clore**
52	**déchoir**
69	**échoir**
70	**éclore**
75	**enclore**
79	**s'ensuivre**
89	**faillir**
91	**falloir**
94	**foutre**
95	**frire**
98	**gésir**
109	**oindre** (*note*)
211	**ouïr**
135	**paître**
151	**poindre**
164	**puer**
170	**renaître**
182	**saillir**
187	**seoir**
66	**traire** (*note*)

VERB CONSTRUCTIONS WITH THE INFINITIVE

The following verbs can all be used in infinitive constructions. The infinitive will be used either (1) without a preposition at all or (2) with the preposition 'à' or (3) with the preposition 'de' (Note that many of these verbs can also take other constructions, eg a direct object or 'que' with the subjunctive).

1. *VERBS FOLLOWED BY AN INFINITIVE WITHOUT A LINKING PREPOSITION*

adorer	to love (doing)
aimer	to like (doing)
aimer mieux	to prefer (to do)
aller	to go (and do)
compter	to expect (to do)
daigner	to deign (to do)
descendre	to go down (and do)
désirer	to wish (to do)
détester	to hate (to do)
devoir	to have to (do)
écouter	to listen (to someone doing)
entendre	to hear (someone doing)
entrer	to go in (and do)
envoyer	to send (to do)
espérer	to hope (to do)
faillir	'to nearly' (do)
faire	to make (do)
falloir	to have to (do)
laisser	to let (do)
monter	to go up (and do)
oser	to dare (to do)
paraître	to seem (to do)
pouvoir	to be able to (do)
préférer	to prefer (to do)
regarder	to watch (someone do)
rentrer	to go in (and do)
savoir	to be able to (do)

sembler	to seem (to do)
sortir	to go out (and do)
souhaiter	to wish (to do)
valoir mieux	to be better (doing)
venir	to come (and do)
voir	to see (someone doing)
vouloir	to want (to do)

2. *VERBS FOLLOWED BY AN INFINITIVE WITH THE LINKING PREPOSITION* **à**:

s'accoutumer à	to get used to (doing)
aider à	to help (to do)
s'amuser à	to play at (doing)
apprendre à	to learn (to do)
s'apprêter à	to get ready (to do)
arriver à	to manage (to do)
s'attendre à	to expect (to do)
autoriser à	to allow (to do)
chercher à	to try (to do)
commencer à	to start (doing)
consentir à	to agree (to do)
consister à	to consist in (doing)
continuer à	to continue (to do)
se décider à	to make up one's mind (to do)
encourager à	to encourage (to do)
s'engager à	to undertake (to do)
enseigner à	to teach how (to do)
s'évertuer à	to try hard (to do)
forcer à	to force (to do)
s'habituer à	to get used (to doing)
hésiter à	to hesitate (to do)
inciter à	to prompt (to do)
s'intéresser à	to be interested in (doing)
inviter à	to invite (to do)
se mettre à	to start (doing)
obliger à	to force (to do)
s'obstiner à	to persist (in doing)
parvenir à	to succeed in (doing)
passer son temps à	to spend one's time (doing)
perdre son temps à	to waste one's time (doing)
persister à	to persist (in doing)

pousser à	to urge (to do)
se préparer à	to get ready (to do)
renoncer à	to give up (doing)
rester à	to be left (to do)
réussir à	to succeed in (doing)
servir à	to be used for (doing)
songer à	to think of (doing)
tarder à	to delay (doing)
tenir à	to be keen (to do)

3. *VERBS FOLLOWED BY AN INFINITIVE WITH THE LINKING PREPOSITION* **de:**

accepter de	to agree (to do)
accuser de	to accuse of (doing)
achever de	to finish (doing)
s'arrêter de	to stop (doing)
avoir besoin de	to need (to do)
avoir envie de	to feel like (doing)
avoir peur de	to be afraid (to do)
cesser de	to stop (doing)
se charger de	to undertake (to do)
commander de	to order (to do)
conseiller de	to advise (to do)
se contenter de	to make do with (doing)
continuer de	to continue (to do)
craindre de	to be afraid (to do)
décider de	to decide (to do)
déconseiller de	to advise against (doing)
défendre de	to forbid (to do)
demander de	to ask (to do)
se dépêcher de	to hurry (to do)
dire de	to tell (to do)
dissuader de	to dissuade from (doing)
s'efforcer de	to try (to do)
empêcher de	to prevent (from doing)
s'empresser de	to hasten (to do)
entreprendre de	to undertake (to do)
envisager de	to intend to (do)
essayer de	to try (to do)
s'étonner de	to be surprised (at doing)
éviter de	to avoid (doing)

s'excuser de	to apologize for (doing)
faire semblant de	to pretend (to do)
feindre de	to pretend (to do)
finir de	to finish (doing)
se garder de	to be careful not to (do)
se hâter de	to hasten (to do)
interdire de	to forbid (to do)
jurer de	to swear (to do)
manquer de	'to nearly' do
menacer de	to threaten (to do)
mériter de	to deserve (to do)
négliger de	to fail (to do)
s'occuper de	to undertake (to do)
offrir de	to offer (to do)
omettre de	to omit (to do)
ordonner de	to order (to do)
oublier de	to forget (to do)
permettre de	to allow (to do)
persuader de	to persuade (to do)
prier de	to ask (to do)
promettre de	to promise (to do)
proposer de	to offer (to do)
recommander de	to recommend (to do)
refuser de	to refuse (to do)
regretter de	to be sorry (to do)
remercier de	to thank for (doing)
résoudre de	to resolve (to do)
se retenir de	to restrain oneself (from doing)
risquer de	to risk (doing)
se souvenir de	to remember (doing)
suggérer de	to suggest (doing)
supplier de	to implore (to do)
tâcher de	to try (to do)
tenter de	to try (to do)
venir de	'to have just' (done)

VERB TABLES

1 ACCROITRE
to increase

PRESENT

j'accrois
tu accrois
il accroît
nous accroissons
vous accroissez
ils accroissent

IMPERFECT

j'accroissais
tu accroissais
il accroissait
nous accroissions
vous accroissiez
ils accroissaient

FUTURE

j'accroîtrai
tu accroîtras
il accroîtra
nous accroîtrons
vous accroîtrez
ils accroîtront

PAST HISTORIC

j'accrus
tu accrus
il accrut
nous accrûmes
vous accrûtes
ils accrurent

PERFECT

j'ai accru
tu as accru
il a accru
nous avons accru
vous avez accru
ils ont accru

PLUPERFECT

j'avais accru
tu avais accru
il avait accru
nous avions accru
vous aviez accru
ils avaient accru

PAST ANTERIOR

j'eus accru etc

FUTURE PERFECT

j'aurai accru etc

IMPERATIVE

accrois
accroissons
accroissez

CONDITIONAL

PRESENT

j'accroîtrais
tu accroîtrais
il accroîtrait
nous accroîtrions
vous accroîtriez
ils accroîtraient

PAST

j'aurais accru
tu aurais accru
il aurait accru
nous aurions accru
vous auriez accru
ils auraient accru

SUBJUNCTIVE

PRESENT

j'accroisse
tu accroisses
il accroisse
nous accroissions
vous accroissiez
ils accroissent

IMPERFECT

j'accrusse
tu accrusses
il accrût
nous accrussions
vous accrussiez
ils accrussent

PERFECT

j'aie accru
tu aies accru
il ait accru
nous ayons accru
vous ayez accru
ils aient accru

INFINITIVE

PRESENT

accroître

PAST

avoir accru

PARTICIPLE

PRESENT

accroissant

PAST

accru

ACCUEILLIR
to welcome

PRESENT

j'accueille
tu accueilles
il accueille
nous accueillons
vous accueillez
ils accueillent

IMPERFECT

j'accueillais
tu accueillais
il accueillait
nous accueillions
vous accueilliez
ils accueillaient

FUTURE

j'accueillerai
tu accueilleras
il accueillera
nous accueillerons
vous accueillerez
ils accueilleront

PAST HISTORIC

j'accueillis
tu accueillis
il accueillit
nous accueillîmes
vous accueillîtes
ils accueillirent

PERFECT

j'ai accueilli
tu as accueilli
il a accueilli
nous avons accueilli
vous avez accueilli
ils ont accueilli

PLUPERFECT

j'avais accueilli
tu avais accueilli
il avait accueilli
nous avions accueilli
vous aviez accueilli
ils avaient accueilli

PAST ANTERIOR

j'eus accueilli etc

FUTURE PERFECT

j'aurai accueilli etc

IMPERATIVE

accueille
accueillons
accueillez

CONDITIONAL

PRESENT

j'accueillerais
tu accueillerais
il accueillerait
nous accueillerions
vous accueilleriez
ils accueilleraient

PAST

j'aurais accueilli
tu aurais accueilli
il aurait accueilli
nous aurions accueilli
vous auriez accueilli
ils auraient accueilli

SUBJUNCTIVE

PRESENT

j'accueille
tu accueilles
il accueille
nous accueillions
vous accueilliez
ils accueillent

IMPERFECT

j'accueillisse
tu accueillisses
il accueillît
nous accueillissions
vous accueillissiez
ils accueillissent

PERFECT

j'aie accueilli
tu aies accueilli
il ait accueilli
nous ayons accueilli
vous ayez accueilli
ils aient accueilli

INFINITIVE

PRESENT

accueillir

PAST

avoir accueilli

PARTICIPLE

PRESENT

accueillant

PAST

accueilli

3 ACHETER
to buy

PRESENT	IMPERFECT	FUTURE
j'achète	j'achetais	j'achèterai
tu achètes	tu achetais	tu achèteras
il achète	il achetait	il achètera
nous achetons	nous achetions	nous achèterons
vous achetez	vous achetiez	vous achèterez
ils achètent	ils achetaient	ils achèteront

PAST HISTORIC	PERFECT	PLUPERFECT
j'achetai	j'ai acheté	j'avais acheté
tu achetas	tu as acheté	tu avais acheté
il acheta	il a acheté	il avait acheté
nous achetâmes	nous avons acheté	nous avions acheté
vous achetâtes	vous avez acheté	vous aviez acheté
ils achetèrent	ils ont acheté	ils avaient acheté

PAST ANTERIOR	FUTURE PERFECT
j'eus acheté etc	j'aurai acheté etc

IMPERATIVE	CONDITIONAL	
	PRESENT	PAST
achète	j'achèterais	j'aurais acheté
achetons	tu achèterais	tu aurais acheté
achetez	il achèterait	il aurait acheté
	nous achèterions	nous aurions acheté
	vous achèteriez	vous auriez acheté
	ils achèteraient	ils auraient acheté

SUBJUNCTIVE

PRESENT	IMPERFECT	PERFECT
j'achète	j'achetasse	j'aie acheté
tu achètes	tu achetasses	tu aies acheté
il achète	il achetât	il ait acheté
nous achetions	nous achetassions	nous ayons acheté
vous achetiez	vous achetassiez	vous ayez acheté
ils achètent	ils achetassent	ils aient acheté

INFINITIVE	PARTICIPLE
PRESENT	PRESENT
acheter	achetant
PAST	PAST
avoir acheté	acheté

ACQUERIR
to acquire

4

PRESENT

j'acquiers
tu acquiers
il acquiert
nous acquérons
vous acquérez
ils acquièrent

IMPERFECT

j'acquérais
tu acquérais
il acquérait
nous acquérions
vous acquériez
ils acquéraient

FUTURE

j'acquerrai
tu acquerras
il acquerra
nous acquerrons
vous acquerrez
ils acquerront

PAST HISTORIC

j'acquis
tu acquis
il acquit
nous acquîmes
vous acquîtes
ils acquirent

PERFECT

j'ai acquis
tu as acquis
il a acquis
nous avons acquis
vous avez acquis
ils ont acquis

PLUPERFECT

j'avais acquis
tu avais acquis
il avait acquis
nous avions acquis
vous aviez acquis
ils avaient acquis

PAST ANTERIOR

j'eus acquis etc

FUTURE PERFECT

j'aurai acquis etc

IMPERATIVE

acquiers
acquérons
acquérez

CONDITIONAL

PRESENT

j'acquerrais
tu acquerrais
il acquerrait
nous acquerrions
vous acquerriez
ils acquerraient

PAST

j'aurais acquis
tu aurais acquis
il aurait acquis
nous aurions acquis
vous auriez acquis
ils auraient acquis

SUBJUNCTIVE

PRESENT

j'acquière
tu acquières
il acquière
nous acquérions
vous acquériez
ils acquièrent

IMPERFECT

j'acquisse
tu acquisses
il acquît
nous acquissions
vous acquissiez
ils acquissent

PERFECT

j'aie acquis
tu aies acquis
il ait acquis
nous ayons acquis
vous ayez acquis
ils aient acquis

INFINITIVE

PRESENT

acquérir

PAST

avoir acquis

PARTICIPLE

PRESENT

acquérant

PAST

acquis

5   ADVENIR
to happen

PRESENT	**IMPERFECT**	**FUTURE**
il advient	il advenait	il adviendra
ils adviennent	ils advenaient	ils adviendront

PAST HISTORIC	**PERFECT**	**PLUPERFECT**
il advint	il est advenu	il était advenu
ils advinrent	ils sont advenus	ils étaient advenus

PAST ANTERIOR	**FUTURE PERFECT**
il fut advenu etc	il sera advenu etc

IMPERATIVE

CONDITIONAL

PRESENT	**PAST**
il adviendrait	il serait advenu
ils adviendraient	ils seraient advenus

SUBJUNCTIVE

PRESENT	**IMPERFECT**	**PERFECT**
il advienne	il advînt	il soit advenu
ils adviennent	ils advinssent	ils soient advenus

INFINITIVE	*PARTICIPLE*
PRESENT	**PRESENT**
advenir	
PAST	**PAST**
être advenu	advenu

AFFAIBLIR
to weaken

PRESENT	IMPERFECT	FUTURE
j'affaiblis	j'affaiblissais	j'affaiblirai
tu affaiblis	tu affaiblissais	tu affaibliras
il affaiblit	il affaiblissait	il affaiblira
nous affaiblissons	nous affaiblissions	nous affaiblirons
vous affaiblissez	vous affaiblissiez	vous affaiblirez
ils affaiblissent	ils affaiblissaient	ils affaibliront

PAST HISTORIC	PERFECT	PLUPERFECT
j'affaiblis	j'ai affaibli	j'avais affaibli
tu affaiblis	tu as affaibli	tu avais affaibli
il affaiblit	il a affaibli	il avait affaibli
nous affaiblîmes	nous avons affaibli	nous avions affaibli
vous affaiblîtes	vous avez affaibli	vous aviez affaibli
ils affaiblirent	ils ont affaibli	ils avaient affaibli

PAST ANTERIOR	FUTURE PERFECT
j'eus affaibli etc	j'aurai affaibli etc

IMPERATIVE	CONDITIONAL	
	PRESENT	PAST
affaiblis	j'affaiblirais	j'aurais affaibli
affaiblissons	tu affaiblirais	tu aurais affaibli
affaiblissez	il affaiblirait	il aurait affaibli
	nous affaiblirions	nous aurions affaibli
	vous affaibliriez	vous auriez affaibli
	ils affaibliraient	ils auraient affaibli

SUBJUNCTIVE

PRESENT	IMPERFECT	PERFECT
j'affaiblisse	j'affaiblisse	j'aie affaibli
tu affaiblisses	tu affaiblisses	tu aies affaibli
il affaiblisse	il affaiblît	il ait affaibli
nous affaiblissions	nous affaiblissions	nous ayons affaibli
vous affaiblissiez	vous affaiblissiez	vous ayez affaibli
ils affaiblissent	ils affaiblissent	ils aient affaibli

INFINITIVE	PARTICIPLE
PRESENT	PRESENT
affaiblir	affaiblissant
PAST	PAST
avoir affaibli	affaibli

AGIR
to act

PRESENT	IMPERFECT	FUTURE
j'agis	j'agissais	j'agirai
tu agis	tu agissais	tu agiras
il agit	il agissait	il agira
nous agissons	nous agissions	nous agirons
vous agissez	vous agissiez	vous agirez
ils agissent	ils agissaient	ils agiront

PAST HISTORIC	PERFECT	PLUPERFECT
j'agis	j'ai agi	j'avais agi
tu agis	tu as agi	tu avais agi
il agit	il a agi	il avait agi
nous agîmes	nous avons agi	nous avions agi
vous agîtes	vous avez agi	vous aviez agi
ils agirent	ils ont agi	ils avaient agi

PAST ANTERIOR	FUTURE PERFECT
j'eus agi etc	j'aurai agi etc

IMPERATIVE	CONDITIONAL	
	PRESENT	PAST
agis	j'agirais	j'aurais agi
agissons	tu agirais	tu aurais agi
agissez	il agirait	il aurait agi
	nous agirions	nous aurions agi
	vous agiriez	vous auriez agi
	ils agiraient	ils auraient agi

SUBJUNCTIVE

PRESENT	IMPERFECT	PERFECT
j'agisse	j'agisse	j'aie agi
tu agisses	tu agisses	tu aies agi
il agisse	il agît	il ait agi
nous agissions	nous agissions	nous ayons agi
vous agissiez	vous agissiez	vous ayez agi
ils agissent	ils agissent	ils aient agi

INFINITIVE	PARTICIPLE
PRESENT	PRESENT
agir	agissant
PAST	PAST
avoir agi	agi

AIMER
to like, to love

PRESENT	IMPERFECT	FUTURE
j'aime	j'aimais	j'aimerai
tu aimes	tu aimais	tu aimeras
il aime	il aimait	il aimera
nous aimons	nous aimions	nous aimerons
vous aimez	vous aimiez	vous aimerez
ils aiment	ils aimaient	ils aimeront

PAST HISTORIC	PERFECT	PLUPERFECT
j'aimai	j'ai aimé	j'avais aimé
tu aimas	tu as aimé	tu avais aimé
il aima	il a aimé	il avait aimé
nous aimâmes	nous avons aimé	nous avions aimé
vous aimâtes	vous avez aimé	vous aviez aimé
ils aimèrent	ils ont aimé	ils avaient aimé

PAST ANTERIOR	FUTURE PERFECT
j'eus aimé etc	j'aurai aimé etc

IMPERATIVE	CONDITIONAL	
	PRESENT	PAST
aime	j'aimerais	j'aurais aimé
aimons	tu aimerais	tu aurais aimé
aimez	il aimerait	il aurait aimé
	nous aimerions	nous aurions aimé
	vous aimeriez	vous auriez aimé
	ils aimeraient	ils auraient aimé

SUBJUNCTIVE

PRESENT	IMPERFECT	PERFECT
j'aime	j'aimasse	j'aie aimé
tu aimes	tu aimasses	tu aies aimé
il aime	il aimât	il ait aimé
nous aimions	nous aimassions	nous ayons aimé
vous aimiez	vous aimassiez	vous ayez aimé
ils aiment	ils aimassent	ils aient aimé

INFINITIVE	PARTICIPLE
PRESENT	PRESENT
aimer	aimant
PAST	PAST
avoir aimé	aimé

9 ALLER
to go

PRESENT	IMPERFECT	FUTURE
je vais	j'allais	j'irai
tu vas	tu allais	tu iras
il va	il allait	il ira
nous allons	nous allions	nous irons
vous allez	vous alliez	vous irez
ils vont	ils allaient	ils iront

PAST HISTORIC	PERFECT	PLUPERFECT
j'allai	je suis allé	j'étais allé
tu allas	tu es allé	tu étais allé
il alla	il est allé	il était allé
nous allâmes	nous sommes allés	nous étions allés
vous allâtes	vous êtes allé(s)	vous étiez allé(s)
ils allèrent	ils sont allés	ils étaient allés

PAST ANTERIOR	FUTURE PERFECT
je fus allé etc	je serai allé etc

IMPERATIVE	CONDITIONAL	
	PRESENT	PAST
va	j'irais	je serais allé
allons	tu irais	tu serais allé
allez	il irait	il serait allé
	nous irions	nous serions allés
	vous iriez	vous seriez allé(s)
	ils iraient	ils seraient allés

SUBJUNCTIVE

PRESENT	IMPERFECT	PERFECT
j'aille	j'allasse	je sois allé
tu ailles	tu allasses	tu sois allé
il aille	il allât	il soit allé
nous allions	nous allassions	nous soyons allés
vous alliez	vous allassiez	vous soyez allé(s)
ils aillent	ils allassent	ils soient allés

INFINITIVE	PARTICIPLE
PRESENT	PRESENT
aller	allant
PAST	PAST
être allé	allé

S'EN ALLER
to go away

10

PRESENT	IMPERFECT	FUTURE
je m'en vais	je m'en allais	je m'en irai
tu t'en vas	tu t'en allais	tu t'en iras
il s'en va	il s'en allait	il s'en ira
nous nous en allons	nous nous en allions	nous nous en irons
vous vous en allez	vous vous en alliez	vous vous en irez
ils s'en vont	ils s'en allaient	ils s'en iront

PAST HISTORIC	PERFECT	PLUPERFECT
je m'en allai	je m'en suis allé	je m'en étais allé
tu t'en allas	tu t'en es allé	tu t'en étais allé
il s'en alla	il s'en est allé	il s'en était allé
nous nous en allâmes	nous ns. en sommes allés	nous ns. en étions allés
vous vous en allâtes	vous vs. en êtes allé(s)	vous vs. en étiez allé(s)
ils s'en allèrent	ils s'en sont allés	ils s'en étaient allés

PAST ANTERIOR	FUTURE PERFECT
je m'en fus allé etc	je m'en serai allé etc

IMPERATIVE	CONDITIONAL	
	PRESENT	PAST
va-t'en	je m'en irais	je m'en serais allé
allons-nous-en	tu t'en irais	tu t'en serais allé
allez-vous-en	il s'en irait	il s'en serait allé
	nous nous en irions	nous nous en serions allés
	vous vous en iriez	vous vs. en seriez allé(s)
	ils s'en iraient	ils s'en seraient allés

SUBJUNCTIVE

PRESENT	IMPERFECT	PERFECT
je m'en aille	je m'en allasse	je m'en sois allé
tu t'en ailles	tu t'en allasses	tu t'en sois allé
il s'en aille	il s'en allât	il s'en soit allé
nous nous en allions	nous nous en allassions	nous nous en soyons allés
vous vous en alliez	vous vous en allassiez	vous vous en soyez allé(s)
ils s'en aillent	ils s'en allassent	ils s'en soient allés

INFINITIVE	PARTICIPLE
PRESENT	PRESENT
s'en aller	s'en allant
PAST	PAST
s'en être allé	en allé

11

ANNONCER
to announce

PRESENT	IMPERFECT	FUTURE
j'annonce	j'annonçais	j'annoncerai
tu annonces	tu annonçais	tu annonceras
il annonce	il annonçait	il annoncera
nous annonçons	nous annoncions	nous annoncerons
vous annoncez	vous annonciez	vous annoncerez
ils annoncent	ils annonçaient	ils annonceront

PAST HISTORIC	PERFECT	PLUPERFECT
j'annonçai	j'ai annoncé	j'avais annoncé
tu annonças	tu as annoncé	tu avais annoncé
il annonça	il a annoncé	il avait annoncé
nous annonçâmes	nous avons annoncé	nous avions annoncé
vous annonçâtes	vous avez annoncé	vous aviez annoncé
ils annoncèrent	ils ont annoncé	ils avaient annoncé

PAST ANTERIOR	FUTURE PERFECT
j'eus annoncé etc	j'aurai annoncé etc

IMPERATIVE	CONDITIONAL	
	PRESENT	PAST
annonce	j'annoncerais	j'aurais annoncé
annonçons	tu annoncerais	tu aurais annoncé
annoncez	il annoncerait	il aurait annoncé
	nous annoncerions	nous aurions annoncé
	vous annonceriez	vous auriez annoncé
	ils annonceraient	ils auraient annoncé

SUBJUNCTIVE

PRESENT	IMPERFECT	PERFECT
j'annonce	j'annonçasse	j'aie annoncé
tu annonces	tu annonçasses	tu aies annoncé
il annonce	il annonçât	il ait annoncé
nous annoncions	nous annonçassions	nous ayons annoncé
vous annonciez	vous annonçassiez	vous ayez annoncé
ils annoncent	ils annonçassent	ils aient annoncé

INFINITIVE	PARTICIPLE
PRESENT	PRESENT
annoncer	annonçant
PAST	PAST
avoir annoncé	annoncé

APERCEVOIR
to see

PRESENT

j'aperçois
tu aperçois
il aperçoit
nous apercevons
vous apercevez
ils aperçoivent

IMPERFECT

j'apercevais
tu apercevais
il apercevait
nous apercevions
vous aperceviez
ils apercevaient

FUTURE

j'apercevrai
tu apercevras
il apercevra
nous apercevrons
vous apercevrez
ils apercevront

PAST HISTORIC

j'aperçus
tu aperçus
il aperçut
nous aperçûmes
vous aperçûtes
ils aperçurent

PERFECT

j'ai aperçu
tu as aperçu
il a aperçu
nous avons aperçu
vous avez aperçu
ils ont aperçu

PLUPERFECT

j'avais aperçu
tu avais aperçu
il avait aperçu
nous avions aperçu
vous aviez aperçu
ils avaient aperçu

PAST ANTERIOR

j'eus aperçu etc

FUTURE PERFECT

j'aurai aperçu etc

IMPERATIVE

aperçois
apercevons
apercevez

CONDITIONAL

PRESENT

j'apercevrais
tu apercevrais
il apercevrait
nous apercevrions
vous apercevriez
ils apercevraient

PAST

j'aurais aperçu
tu aurais aperçu
il aurait aperçu
nous aurions aperçu
vous auriez aperçu
ils auraient aperçu

SUBJUNCTIVE

PRESENT

j'aperçoive
tu aperçoives
il aperçoive
nous apercevions
vous aperceviez
ils aperçoivent

IMPERFECT

j'aperçusse
tu aperçusses
il aperçût
nous aperçussions
vous aperçussiez
ils aperçussent

PERFECT

j'aie aperçu
tu aies aperçu
il ait aperçu
nous ayons aperçu
vous ayez aperçu
ils aient aperçu

INFINITIVE

PRESENT

apercevoir

PAST

avoir aperçu

PARTICIPLE

PRESENT

apercevant

PAST

aperçu

13   APPARTENIR
to belong

PRESENT	**IMPERFECT**	**FUTURE**
j'appartiens	j'appartenais	j'appartiendrai
tu appartiens	tu appartenais	tu appartiendras
il appartient	il appartenait	il appartiendra
nous appartenons	nous appartenions	nous appartiendrons
vous appartenez	vous apparteniez	vous appartiendrez
ils appartiennent	ils appartenaient	ils appartiendront

PAST HISTORIC	**PERFECT**	**PLUPERFECT**
j'appartins	j'ai appartenu	j'avais appartenu
tu appartins	tu as appartenu	tu avais appartenu
il appartint	il a appartenu	il avait appartenu
nous appartînmes	nous avons appartenu	nous avions appartenu
vous appartîntes	vous avez appartenu	vous aviez appartenu
ils appartinrent	ils ont appartenu	ils avaient appartenu

PAST ANTERIOR	**FUTURE PERFECT**
j'eus appartenu etc	j'aurai appartenu etc

IMPERATIVE	*CONDITIONAL*	
	PRESENT	**PAST**
appartiens	j'appartiendrais	j'aurais appartenu
appartenons	tu appartiendrais	tu aurais appartenu
appartenez	il appartiendrait	il aurait appartenu
	nous appartiendrions	nous aurions appartenu
	vous appartiendriez	vous auriez appartenu
	ils appartiendraient	ils auraient appartenu

SUBJUNCTIVE		
PRESENT	**IMPERFECT**	**PERFECT**
j'appartienne	j'appartinsse	j'aie appartenu
tu appartiennes	tu appartinsses	tu aies appartenu
il appartienne	il appartînt	il ait appartenu
nous appartenions	nous appartinssions	nous ayons appartenu
vous apparteniez	vous appartinssiez	vous ayez appartenu
ils appartiennent	ils appartinssent	ils aient appartenu

INFINITIVE	*PARTICIPLE*
PRESENT	**PRESENT**
appartenir	appartenant
PAST	**PAST**
avoir appartenu	appartenu

APPELER
to call

14

PRESENT	IMPERFECT	FUTURE
j'appelle	j'appelais	j'appellerai
tu appelles	tu appelais	tu appelleras
il appelle	il appelait	il appellera
nous appelons	nous appelions	nous appellerons
vous appelez	vous appeliez	vous appellerez
ils appellent	ils appelaient	ils appelleront

PAST HISTORIC	PERFECT	PLUPERFECT
j'appelai	j'ai appelé	j'avais appelé
tu appelas	tu as appelé	tu avais appelé
il appela	il a appelé	il avait appelé
nous appelâmes	nous avons appelé	nous avions appelé
vous appelâtes	vous avez appelé	vous aviez appelé
ils appelèrent	ils ont appelé	ils avaient appelé

PAST ANTERIOR	FUTURE PERFECT
j'eus appelé etc	j'aurai appelé etc

IMPERATIVE	CONDITIONAL	
	PRESENT	PAST
appelle	j'appellerais	j'aurais appelé
appelons	tu appellerais	tu aurais appelé
appelez	il appellerait	il aurait appelé
	nous appellerions	nous aurions appelé
	vous appelleriez	vous auriez appelé
	ils appelleraient	ils auraient appelé

SUBJUNCTIVE

PRESENT	IMPERFECT	PERFECT
j'appelle	j'appelasse	j'aie appelé
tu appelles	tu appelasses	tu aies appelé
il appelle	il appelât	il ait appelé
nous appelions	nous appelassions	nous ayons appelé
vous appeliez	vous appelassiez	vous ayez appelé
ils appellent	ils appelassent	ils aient appelé

INFINITIVE	PARTICIPLE
PRESENT	PRESENT
appeler	appelant
PAST	PAST
avoir appelé	appelé

15

APPRECIER
to appreciate

PRESENT	IMPERFECT	FUTURE
j'apprécie	j'appréciais	j'apprécierai
tu apprécies	tu appréciais	tu apprécieras
il apprécie	il appréciait	il appréciera
nous apprécions	nous appréciions	nous apprécierons
vous appréciez	vous appréciiez	vous apprécierez
ils apprécient	ils appréciaient	ils apprécieront

PAST HISTORIC	PERFECT	PLUPERFECT
j'appréciai	j'ai apprécié	j'avais apprécié
tu apprécias	tu as apprécié	tu avais apprécié
il apprécia	il a apprécié	il avait apprécié
nous appréciâmes	nous avons apprécié	nous avions apprécié
vous appréciâtes	vous avez apprécié	vous aviez apprécié
ils apprécièrent	ils ont apprécié	ils avaient apprécié

PAST ANTERIOR	FUTURE PERFECT
j'eus apprécié etc	j'aurai apprécié etc

IMPERATIVE	CONDITIONAL	
	PRESENT	PAST
apprécie	j'apprécierais	j'aurais apprécié
apprécions	tu apprécierais	tu aurais apprécié
appréciez	il apprécierait	il aurait apprécié
	nous apprécierions	nous aurions apprécié
	vous apprécieriez	vous auriez apprécié
	ils apprécieraient	ils auraient apprécié

SUBJUNCTIVE

PRESENT	IMPERFECT	PERFECT
j'apprécie	j'appréciasse	j'aie apprécié
tu apprécies	tu appréciasses	tu aies apprécié
il apprécie	il appréciât	il ait apprécié
nous appréciions	nous appréciassions	nous ayons apprécié
vous appréciiez	vous appréciassiez	vous ayez apprécié
ils apprécient	ils appréciassent	ils aient apprécié

INFINITIVE	PARTICIPLE
PRESENT	PRESENT
apprécier	appréciant
PAST	PAST
avoir apprécié	apprécié

APPRENDRE
to learn

16

PRESENT	**IMPERFECT**	**FUTURE**
j'apprends	j'apprenais	j'apprendrai
tu apprends	tu apprenais	tu apprendras
il apprend	il apprenait	il apprendra
nous apprenons	nous apprenions	nous apprendrons
vous apprenez	vous appreniez	vous apprendrez
ils apprennent	ils apprenaient	ils apprendront

PAST HISTORIC	**PERFECT**	**PLUPERFECT**
j'appris	j'ai appris	j'avais appris
tu appris	tu as appris	tu avais appris
il apprit	il a appris	il avait appris
nous apprîmes	nous avons appris	nous avions appris
vous apprîtes	vous avez appris	vous aviez appris
ils apprirent	ils ont appris	ils avaient appris

PAST ANTERIOR	**FUTURE PERFECT**
j'eus appris etc	j'aurai appris etc

IMPERATIVE	*CONDITIONAL*	
	PRESENT	**PAST**
apprends	j'apprendrais	j'aurais appris
apprenons	tu apprendrais	tu aurais appris
apprenez	il apprendrait	il aurait appris
	nous apprendrions	nous aurions appris
	vous apprendriez	vous auriez appris
	ils apprendraient	ils auraient appris

SUBJUNCTIVE		
PRESENT	**IMPERFECT**	**PERFECT**
j'apprenne	j'apprisse	j'aie appris
tu apprennes	tu apprisses	tu aies appris
il apprenne	il apprît	il ait appris
nous apprenions	nous apprissions	nous ayons appris
vous appreniez	vous apprissiez	vous ayez appris
ils apprennent	ils apprissent	ils aient appris

INFINITIVE	*PARTICIPLE*
PRESENT	**PRESENT**
apprendre	apprenant
PAST	**PAST**
avoir appris	appris

17 APPUYER
to push, to lean

PRESENT	IMPERFECT	FUTURE
j'appuie	j'appuyais	j'appuierai
tu appuies	tu appuyais	tu appuieras
il appuie	il appuyait	il appuiera
nous appuyons	nous appuyions	nous appuierons
vous appuyez	vous appuyiez	vous appuierez
ils appuient	ils appuyaient	ils appuieront

PAST HISTORIC	PERFECT	PLUPERFECT
j'appuyai	j'ai appuyé	j'avais appuyé
tu appuyas	tu as appuyé	tu avais appuyé
il appuya	il a appuyé	il avait appuyé
nous appuyâmes	nous avons appuyé	nous avions appuyé
vous appuyâtes	vous avez appuyé	vous aviez appuyé
ils appuyèrent	ils ont appuyé	ils avaient appuyé

PAST ANTERIOR	FUTURE PERFECT
j'eus appuyé etc	j'aurai appuyé etc

IMPERATIVE	CONDITIONAL	
	PRESENT	PAST
appuie	j'appuierais	j'aurais appuyé
appuyons	tu appuierais	tu aurais appuyé
appuyez	il appuierait	il aurait appuyé
	nous appuierions	nous aurions appuyé
	vous appuieriez	vous auriez appuyé
	ils appuieraient	ils auraient appuyé

SUBJUNCTIVE

PRESENT	IMPERFECT	PERFECT
j'appuie	j'appuyasse	j'aie appuyé
tu appuies	tu appuyasses	tu aies appuyé
il appuie	il appuyât	il ait appuyé
nous appuyions	nous appuyassions	nous ayons appuyé
vous appuyiez	vous appuyassiez	vous ayez appuyé
ils appuient	ils appuyassent	ils aient appuyé

INFINITIVE	PARTICIPLE
PRESENT	PRESENT
appuyer	appuyant
PAST	PAST
avoir appuyé	appuyé

ARGUER
to argue

PRESENT	IMPERFECT	FUTURE
j'argue	j'arguais	j'arguerai
tu argues	tu arguais	tu argueras
il argue	il arguait	il arguera
nous arguons	nous arguions	nous arguerons
vous arguez	vous arguiez	vous arguerez
ils arguent	ils arguaient	ils argueront

PAST HISTORIC	PERFECT	PLUPERFECT
j'arguai	j'ai argué	j'avais argué
tu arguas	tu as argué	tu avais argué
il argua	il a argué	il avait argué
nous arguâmes	nous avons argué	nous avions argué
vous arguâtes	vous avez argué	vous aviez argué
ils arguèrent	ils ont argué	ils avaient argué

PAST ANTERIOR	FUTURE PERFECT
j'eus argué etc	j'aurai argué etc

IMPERATIVE	*CONDITIONAL*	
	PRESENT	**PAST**
argue	j'arguerais	j'aurais argué
arguons	tu arguerais	tu aurais argué
arguez	il arguerait	il aurait argué
	nous arguerions	nous aurions argué
	vous argueriez	vous auriez argué
	ils argueraient	ils auraient argué

SUBJUNCTIVE

PRESENT	IMPERFECT	PERFECT
j'argue	j'arguasse	j'aie argué
tu argues	tu arguasses	tu aies argué
il argue	il arguât	il ait argué
nous arguions	nous arguassions	nous ayons argué
vous arguiez	vous arguassiez	vous ayez argué
ils arguent	ils arguassent	ils aient argué

INFINITIVE	*PARTICIPLE*
PRESENT	**PRESENT**
arguer	arguant
PAST	**PAST**
avoir argué	argué

19

ARRIVER
to arrive, to happen

PRESENT	IMPERFECT	FUTURE
j'arrive	j'arrivais	j'arriverai
tu arrives	tu arrivais	tu arriveras
il arrive	il arrivait	il arrivera
nous arrivons	nous arrivions	nous arriverons
vous arrivez	vous arriviez	vous arriverez
ils arrivent	ils arrivaient	ils arriveront

PAST HISTORIC	PERFECT	PLUPERFECT
j'arrivai	je suis arrivé	j'étais arrivé
tu arrivas	tu es arrivé	tu étais arrivé
il arriva	il est arrivé	il était arrivé
nous arrivâmes	nous sommes arrivés	nous étions arrivés
vous arrivâtes	vous êtes arrivé(s)	vous étiez arrivé(s)
ils arrivèrent	ils sont arrivés	ils étaient arrivés

PAST ANTERIOR	FUTURE PERFECT
je fus arrivé etc	je serai arrivé etc

IMPERATIVE	CONDITIONAL	
	PRESENT	PAST
arrive	j'arriverais	je serais arrivé
arrivons	tu arriverais	tu serais arrivé
arrivez	il arriverait	il serait arrivé
	nous arriverions	nous serions arrivés
	vous arriveriez	vous seriez arrivé(s)
	ils arriveraient	ils seraient arrivés

SUBJUNCTIVE

PRESENT	IMPERFECT	PERFECT
j'arrive	j'arrivasse	je sois arrivé
tu arrives	tu arrivasses	tu sois arrivé
il arrive	il arrivât	il soit arrivé
nous arrivions	nous arrivassions	nous soyons arrivés
vous arriviez	vous arrivassiez	vous soyez arrivé(s)
ils arrivent	ils arrivassent	ils soient arrivés

INFINITIVE	PARTICIPLE
PRESENT	PRESENT
arriver	arrivant
PAST	PAST
être arrivé	arrivé

PRESENT	IMPERFECT	FUTURE
j'assaille	j'assaillais	j'assaillirai
tu assailles	tu assaillais	tu assailliras
il assaille	il assaillait	il assaillira
nous assaillons	nous assaillions	nous assaillirons
vous assaillez	vous assailliez	vous assaillirez
ils assaillent	ils assaillaient	ils assailliront

PAST HISTORIC	PERFECT	PLUPERFECT
j'assaillis	j'ai assailli	j'avais assailli
tu assaillis	tu as assailli	tu avais assailli
il assaillit	il a assailli	il avait assailli
nous assaillîmes	nous avons assailli	nous avions assailli
vous assaillîtes	vous avez assailli	vous aviez assailli
ils assaillirent	ils ont assailli	ils avaient assailli

PAST ANTERIOR	FUTURE PERFECT
j'eus assailli etc	j'aurai assailli etc

IMPERATIVE	CONDITIONAL	
	PRESENT	PAST
assaille	j'assaillirais	j'aurais assailli
assaillons	tu assaillirais	tu aurais assailli
assaillez	il assaillirait	il aurait assailli
	nous assaillirions	nous aurions assailli
	vous assailliriez	vous auriez assailli
	ils assailliraient	ils auraient assailli

SUBJUNCTIVE

PRESENT	IMPERFECT	PERFECT
j'assaille	j'assaillisse	j'aie assailli
tu assailles	tu assaillisses	tu aies assailli
il assaille	il assaillît	il ait assailli
nous assaillions	nous assaillissions	nous ayons assailli
vous assailliez	vous assaillissiez	vous ayez assailli
ils assaillent	ils assaillissent	ils aient assailli

INFINITIVE	PARTICIPLE
PRESENT	PRESENT
assaillir	assaillant
PAST	PAST
avoir assailli	assailli

21

S'ASSEOIR
to sit down

PRESENT	**IMPERFECT**	**FUTURE**
je m'assieds/assois	je m'asseyais	je m'assiérai
tu t'assieds/assois	tu t'asseyais	tu t'assiéras
il s'assied/assoit	il s'asseyait	il s'assiéra
nous ns. asseyons/assoyons	nous nous asseyions	nous nous assiérons
vous vs. asseyez/assoyez	vous vous asseyiez	vous vous assiérez
ils s'asseyent/assoient	ils s'asseyaient	ils s'assiéront

PAST HISTORIC	**PERFECT**	**PLUPERFECT**
je m'assis	je me suis assis	je m'étais assis
tu t'assis	tu t'es assis	tu t'étais assis
il s'assit	il s'est assis	il s'était assis
nous nous assîmes	nous nous sommes assis	nous nous étions assis
vous vous assîtes	vous vous êtes assis	vous vous étiez assis
ils s'assirent	ils se sont assis	ils s'étaient assis

PAST ANTERIOR	**FUTURE PERFECT**
je me fus assis etc	je me serai assis etc

IMPERATIVE	*CONDITIONAL*	
	PRESENT	**PAST**
assieds/assois-toi	je m'assiérais	je me serais assis
asseyons/assoyons-nous	tu t'assiérais	tu te serais assis
asseyez/assoyez-vous	il s'assiérait	il se serait assis
	nous nous assiérions	nous nous serions assis
	vous vous assiériez	vous vous seriez assis
	ils s'assiéraient	ils se seraient assis

SUBJUNCTIVE

PRESENT	**IMPERFECT**	**PERFECT**
je m'asseye	je m'assisse	je me sois assis
tu t'asseyes	tu t'assisses	tu te sois assis
il s'asseye	il s'assît	il se soit assis
nous nous asseyions	nous nous assissions	nous nous soyons assis
vous vous asseyiez	vous vous assissiez	vous vous soyez assis
ils s'asseyent	ils s'assissent	ils se soient assis

INFINITIVE	*PARTICIPLE*	*NOTE*
PRESENT	**PRESENT**	*other alternative forms*
s'asseoir	s'asseyant/s'assoyant	*(less common) are*
PAST	**PAST**	*imperfect:* je m'assoyais *etc, future:* je m'assoira
s'être assis	assis	*etc and subjunctive present:* je m'assoie *etc*

ATTENDRE
to wait

22

PRESENT	**IMPERFECT**	**FUTURE**
j'attends	j'attendais	j'attendrai
tu attends	tu attendais	tu attendras
il attend	il attendait	il attendra
nous attendons	nous attendions	nous attendrons
vous attendez	vous attendiez	vous attendrez
ils attendent	ils attendaient	ils attendront

PAST HISTORIC	**PERFECT**	**PLUPERFECT**
j'attendis	j'ai attendu	j'avais attendu
tu attendis	tu as attendu	tu avais attendu
il attendit	il a attendu	il avait attendu
nous attendîmes	nous avons attendu	nous avions attendu
vous attendîtes	vous avez attendu	vous aviez attendu
ils attendirent	ils ont attendu	ils avaient attendu

PAST ANTERIOR	**FUTURE PERFECT**
j'eus attendu etc	j'aurai attendu etc

IMPERATIVE	*CONDITIONAL*	
	PRESENT	**PAST**
attends	j'attendrais	j'aurais attendu
attendons	tu attendrais	tu aurais attendu
attendez	il attendrait	il aurait attendu
	nous attendrions	nous aurions attendu
	vous attendriez	vous auriez attendu
	ils attendraient	ils auraient attendu

SUBJUNCTIVE

PRESENT	**IMPERFECT**	**PERFECT**
j'attende	j'attendisse	j'aie attendu
tu attendes	tu attendisses	tu aies attendu
il attende	il attendît	il ait attendu
nous attendions	nous attendissions	nous ayons attendu
vous attendiez	vous attendissiez	vous ayez attendu
ils attendent	ils attendissent	ils aient attendu

INFINITIVE	*PARTICIPLE*
PRESENT	**PRESENT**
attendre	attendant
PAST	**PAST**
avoir attendu	attendu

23 AVANCER
to move forward

PRESENT	IMPERFECT	FUTURE
j'avance	j'avançais	j'avancerai
tu avances	tu avançais	tu avanceras
il avance	il avançait	il avancera
nous avançons	nous avancions	nous avancerons
vous avancez	vous avanciez	vous avancerez
ils avancent	ils avançaient	ils avanceront

PAST HISTORIC	PERFECT	PLUPERFECT
j'avançai	j'ai avancé	j'avais avancé
tu avanças	tu as avancé	tu avais avancé
il avança	il a avancé	il avait avancé
nous avançâmes	nous avons avancé	nous avions avancé
vous avançâtes	vous avez avancé	vous aviez avancé
ils avancèrent	ils ont avancé	ils avaient avancé

PAST ANTERIOR	FUTURE PERFECT
j'eus avancé etc	j'aurai avancé etc

IMPERATIVE	CONDITIONAL	
	PRESENT	PAST
avance	j'avancerais	j'aurais avancé
avançons	tu avancerais	tu aurais avancé
avancez	il avancerait	il aurait avancé
	nous avancerions	nous aurions avancé
	vous avanceriez	vous auriez avancé
	ils avanceraient	ils auraient avancé

SUBJUNCTIVE

PRESENT	IMPERFECT	PERFECT
j'avance	j'avançasse	j'aie avancé
tu avances	tu avançasses	tu aies avancé
il avance	il avançât	il ait avancé
nous avancions	nous avançassions	nous ayons avancé
vous avanciez	vous avançassiez	vous ayez avancé
ils avancent	ils avançassent	ils aient avancé

INFINITIVE	PARTICIPLE
PRESENT	PRESENT
avancer	avançant
PAST	PAST
avoir avancé	avancé

AVOIR
to have

PRESENT	**IMPERFECT**	**FUTURE**
j'ai	j'avais	j'aurai
tu as	tu avais	tu auras
il a	il avait	il aura
nous avons	nous avions	nous aurons
vous avez	vous aviez	vous aurez
ils ont	ils avaient	ils auront

PAST HISTORIC	**PERFECT**	**PLUPERFECT**
j'eus	j'ai eu	j'avais eu
tu eus	tu as eu	tu avais eu
il eut	il a eu	il avait eu
nous eûmes	nous avons eu	nous avions eu
vous eûtes	vous avez eu	vous aviez eu
ils eurent	ils ont eu	ils avaient eu

PAST ANTERIOR	**FUTURE PERFECT**
j'eus eu etc	j'aurai eu etc

IMPERATIVE	*CONDITIONAL*	
	PRESENT	**PAST**
aie	j'aurais	j'aurais eu
ayons	tu aurais	tu aurais eu
ayez	il aurait	il aurait eu
	nous aurions	nous aurions eu
	vous auriez	vous auriez eu
	ils auraient	ils auraient eu

SUBJUNCTIVE

PRESENT	**IMPERFECT**	**PERFECT**
j'aie	j'eusse	j'aie eu
tu aies	tu eusses	tu aies eu
il ait	il eût	il ait eu
nous ayons	nous eussions	nous ayons eu
vous ayez	vous eussiez	vous ayez eu
ils aient	ils eussent	ils aient eu

INFINITIVE	*PARTICIPLE*
PRESENT	**PRESENT**
avoir	ayant
PAST	**PAST**
avoir eu	eu

25   BATTRE
to beat

PRESENT	IMPERFECT	FUTURE
je bats	je battais	je battrai
tu bats	tu battais	tu battras
il bat	il battait	il battra
nous battons	nous battions	nous battrons
vous battez	vous battiez	vous battrez
ils battent	ils battaient	ils battront

PAST HISTORIC	PERFECT	PLUPERFECT
je battis	j'ai battu	j'avais battu
tu battis	tu as battu	tu avais battu
il battit	il a battu	il avait battu
nous battîmes	nous avons battu	nous avions battu
vous battîtes	vous avez battu	vous aviez battu
ils battirent	ils ont battu	ils avaient battu

PAST ANTERIOR	FUTURE PERFECT
j'eus battu etc	j'aurai battu etc

IMPERATIVE	CONDITIONAL	
	PRESENT	PAST
bats	je battrais	j'aurais battu
battons	tu battrais	tu aurais battu
battez	il battrait	il aurait battu
	nous battrions	nous aurions battu
	vous battriez	vous auriez battu
	ils battraient	ils auraient battu

SUBJUNCTIVE

PRESENT	IMPERFECT	PERFECT
je batte	je battisse	j'aie battu
tu battes	tu battisses	tu aies battu
il batte	il battît	il ait battu
nous battions	nous battissions	nous ayons battu
vous battiez	vous battissiez	vous ayez battu
ils battent	ils battissent	ils aient battu

INFINITIVE	PARTICIPLE
PRESENT	PRESENT
battre	battant
PAST	PAST
avoir battu	battu

BOIRE
to drink

26

PRESENT	IMPERFECT	FUTURE
je bois	je buvais	je boirai
tu bois	tu buvais	tu boiras
il boit	il buvait	il boira
nous buvons	nous buvions	nous boirons
vous buvez	vous buviez	vous boirez
ils boivent	ils buvaient	ils boiront

PAST HISTORIC	PERFECT	PLUPERFECT
je bus	j'ai bu	j'avais bu
tu bus	tu as bu	tu avais bu
il but	il a bu	il avait bu
nous bûmes	nous avons bu	nous avions bu
vous bûtes	vous avez bu	vous aviez bu
ils burent	ils ont bu	ils avaient bu

PAST ANTERIOR	FUTURE PERFECT
j'eus bu etc	j'aurai bu etc

IMPERATIVE	CONDITIONAL	
	PRESENT	PAST
bois	je boirais	j'aurais bu
buvons	tu boirais	tu aurais bu
buvez	il boirait	il aurait bu
	nous boirions	nous aurions bu
	vous boiriez	vous auriez bu
	ils boiraient	ils auraient bu

SUBJUNCTIVE

PRESENT	IMPERFECT	PERFECT
je boive	je busse	j'aie bu
tu boives	tu busses	tu aies bu
il boive	il bût	il ait bu
nous buvions	nous bussions	nous ayons bu
vous buviez	vous bussiez	vous ayez bu
ils boivent	ils bussent	ils aient bu

INFINITIVE	PARTICIPLE
PRESENT	PRESENT
boire	buvant
PAST	PAST
avoir bu	bu

BOUILLIR
to boil

PRESENT	IMPERFECT	FUTURE
je bous	je bouillais	je bouillirai
tu bous	tu bouillais	tu bouilliras
il bout	il bouillait	il bouillira
nous bouillons	nous bouillions	nous bouillirons
vous bouillez	vous bouilliez	vous bouillirez
ils bouillent	ils bouillaient	ils bouilliront

PAST HISTORIC	PERFECT	PLUPERFECT
je bouillis	j'ai bouilli	j'avais bouilli
tu bouillis	tu as bouilli	tu avais bouilli
il bouillit	il a bouilli	il avait bouilli
nous bouillîmes	nous avons bouilli	nous avions bouilli
vous bouillîtes	vous avez bouilli	vous aviez bouilli
ils bouillirent	ils ont bouilli	ils avaient bouilli

PAST ANTERIOR	FUTURE PERFECT
j'eus bouilli etc	j'aurai bouilli etc

IMPERATIVE	CONDITIONAL	
	PRESENT	PAST
bous	je bouillirais	j'aurais bouilli
bouillons	tu bouillirais	tu aurais bouilli
bouillez	il bouillirait	il aurait bouilli
	nous bouillirions	nous aurions bouilli
	vous bouilliriez	vous auriez bouilli
	ils bouilliraient	ils auraient bouilli

SUBJUNCTIVE

PRESENT	IMPERFECT	PERFECT
je bouille	je bouillisse	j'aie bouilli
tu bouilles	tu bouillisses	tu aies bouilli
il bouille	il bouillît	il ait bouilli
nous bouillions	nous bouillissions	nous ayons bouilli
vous bouilliez	vous bouillissiez	vous ayez bouilli
ils bouillent	ils bouillissent	ils aient bouilli

INFINITIVE	PARTICIPLE
PRESENT	PRESENT
bouillir	bouillant
PAST	PAST
avoir bouilli	bouilli

BRILLER
to shine

PRESENT	**IMPERFECT**	**FUTURE**
je brille	je brillais	je brillerai
tu brilles	tu brillais	tu brilleras
il brille	il brillait	il brillera
nous brillons	nous brillions	nous brillerons
vous brillez	vous brilliez	vous brillerez
ils brillent	ils brillaient	ils brilleront

PAST HISTORIC	**PERFECT**	**PLUPERFECT**
je brillai	j'ai brillé	j'avais brillé
tu brillas	tu as brillé	tu avais brillé
il brilla	il a brillé	il avait brillé
nous brillâmes	nous avons brillé	nous avions brillé
vous brillâtes	vous avez brillé	vous aviez brillé
ils brillèrent	ils ont brillé	ils avaient brillé

PAST ANTERIOR	**FUTURE PERFECT**
j'eus brillé etc	j'aurai brillé etc

IMPERATIVE	*CONDITIONAL*	
	PRESENT	**PAST**
brille	je brillerais	j'aurais brillé
brillons	tu brillerais	tu aurais brillé
brillez	il brillerait	il aurait brillé
	nous brillerions	nous aurions brillé
	vous brilleriez	vous auriez brillé
	ils brilleraient	ils auraient brillé

SUBJUNCTIVE		
PRESENT	**IMPERFECT**	**PERFECT**
je brille	je brillasse	j'aie brillé
tu brilles	tu brillasses	tu aies brillé
il brille	il brillât	il ait brillé
nous brillions	nous brillassions	nous ayons brillé
vous brilliez	vous brillassiez	vous ayez brillé
ils brillent	ils brillassent	ils aient brillé

INFINITIVE	*PARTICIPLE*
PRESENT	**PRESENT**
briller	brillant
PAST	**PAST**
avoir brillé	brillé

CEDER
to give in

PRESENT	**IMPERFECT**	**FUTURE**
je cède	je cédais	je céderai
tu cèdes	tu cédais	tu céderas
il cède	il cédait	il cédera
nous cédons	nous cédions	nous céderons
vous cédez	vous cédiez	vous céderez
ils cèdent	ils cédaient	ils céderont

PAST HISTORIC	**PERFECT**	**PLUPERFECT**
je cédai	j'ai cédé	j'avais cédé
tu cédas	tu as cédé	tu avais cédé
il céda	il a cédé	il avait cédé
nous cédâmes	nous avons cédé	nous avions cédé
vous cédâtes	vous avez cédé	vous aviez cédé
ils cédèrent	ils ont cédé	ils avaient cédé

PAST ANTERIOR	**FUTURE PERFECT**
j'eus cédé etc	j'aurai cédé etc

IMPERATIVE	*CONDITIONAL*	
	PRESENT	**PAST**
cède	je céderais	j'aurais cédé
cédons	tu céderais	tu aurais cédé
cédez	il céderait	il aurait cédé
	nous céderions	nous aurions cédé
	vous céderiez	vous auriez cédé
	ils céderaient	ils auraient cédé

SUBJUNCTIVE		
PRESENT	**IMPERFECT**	**PERFECT**
je cède	je cédasse	j'aie cédé
tu cèdes	tu cédasses	tu aies cédé
il cède	il cédât	il ait cédé
nous cédions	nous cédassions	nous ayons cédé
vous cédiez	vous cédassiez	vous ayez cédé
ils cèdent	ils cédassent	ils aient cédé

INFINITIVE	*PARTICIPLE*	*NOTE*
PRESENT	**PRESENT**	décéder: *auxiliary* être
céder	cédant	
PAST	**PAST**	
avoir cédé	cédé	

CELEBRER
to celebrate

PRESENT	IMPERFECT	FUTURE
je célèbre	je célébrais	je célébrerai
tu célèbres	tu célébrais	tu célébreras
il célèbre	il célébrait	il célébrera
nous célébrons	nous célébrions	nous célébrerons
vous célébrez	vous célébriez	vous célébrerez
ils célèbrent	ils célébraient	ils célébreront

PAST HISTORIC	PERFECT	PLUPERFECT
je célébrai	j'ai célébré	j'avais célébré
tu célébras	tu as célébré	tu avais célébré
il célébra	il a célébré	il avait célébré
nous célébrâmes	nous avons célébré	nous avions célébré
vous célébrâtes	vous avez célébré	vous aviez célébré
ils célébrèrent	ils ont célébré	ils avaient célébré

PAST ANTERIOR	FUTURE PERFECT
j'eus célébré etc	j'aurai célébré etc

IMPERATIVE	*CONDITIONAL*	
	PRESENT	PAST
célèbre	je célébrerais	j'aurais célébré
célébrons	tu célébrerais	tu aurais célébré
célébrez	il célébrerait	il aurait célébré
	nous célébrerions	nous aurions célébré
	vous célébreriez	vous auriez célébré
	ils célébreraient	ils auraient célébré

SUBJUNCTIVE		
PRESENT	IMPERFECT	PERFECT
je célèbre	je célébrasse	j'aie célébré
tu célèbres	tu célébrasses	tu aies célébré
il célèbre	il célébrât	il ait célébré
nous célébrions	nous célébrassions	nous ayons célébré
vous célébriez	vous célébrassiez	vous ayez célébré
ils célèbrent	ils célébrassent	ils aient célébré

INFINITIVE	*PARTICIPLE*
PRESENT	PRESENT
célébrer	célébrant
PAST	PAST
avoir célébré	célébré

CHANTER
to sing

PRESENT

je chante
tu chantes
il chante
nous chantons
vous chantez
ils chantent

IMPERFECT

je chantais
tu chantais
il chantait
nous chantions
vous chantiez
ils chantaient

FUTURE

je chanterai
tu chanteras
il chantera
nous chanterons
vous chanterez
ils chanteront

PAST HISTORIC

je chantai
tu chantas
il chanta
nous chantâmes
vous chantâtes
ils chantèrent

PERFECT

j'ai chanté
tu as chanté
il a chanté
nous avons chanté
vous avez chanté
ils ont chanté

PLUPERFECT

j'avais chanté
tu avais chanté
il avait chanté
nous avions chanté
vous aviez chanté
ils avaient chanté

PAST ANTERIOR

j'eus chanté etc

FUTURE PERFECT

j'aurai chanté etc

IMPERATIVE

chante
chantons
chantez

CONDITIONAL

PRESENT

je chanterais
tu chanterais
il chanterait
nous chanterions
vous chanteriez
ils chanteraient

PAST

j'aurais chanté
tu aurais chanté
il aurait chanté
nous aurions chanté
vous auriez chanté
ils auraient chanté

SUBJUNCTIVE
PRESENT

je chante
tu chantes
il chante
nous chantions
vous chantiez
ils chantent

IMPERFECT

je chantasse
tu chantasses
il chantât
nous chantassions
vous chantassiez
ils chantassent

PERFECT

j'aie chanté
tu aies chanté
il ait chanté
nous ayons chanté
vous ayez chanté
ils aient chanté

INFINITIVE
PRESENT

chanter

PAST

avoir chanté

PARTICIPLE
PRESENT

chantant

PAST

chanté

NOTE

demeurer: *auxiliary* être
when it means 'to remain'
ressusciter: *auxiliary* être
when intransitive

CHOIR
to fall

32

PRESENT	IMPERFECT	FUTURE
je chois		
tu chois		
il choit		
ils choient		

PAST HISTORIC	PERFECT	PLUPERFECT
il chut	je suis chu	j'étais chu
	tu es chu	tu étais chu
	il est chu	il était chu
	nous sommes chus	nous étions chus
	vous êtes chu(s)	vous étiez chu(s)
	ils sont chus	ils étaient chus

PAST ANTERIOR	FUTURE PERFECT	
il fut chu	il sera chu	

IMPERATIVE	*CONDITIONAL*	
	PRESENT	**PAST**
		je serais chu
		tu serais chu
		il serait chu
		nous serions chus
		vous seriez chu(s)
		ils seraient chus

SUBJUNCTIVE		
PRESENT	**IMPERFECT**	**PERFECT**
	il chût	je sois chu
		tu sois chu
		il soit chu
		nous soyons chus
		vous soyez chu(s)
		ils soient chus

INFINITIVE	*PARTICIPLE*
PRESENT	**PRESENT**
choir	
PAST	**PAST**
être chu	chu

33 CLORE
to close

PRESENT	IMPERFECT	FUTURE
je clos		je clorai
tu clos		tu cloras
il clôt		il clora
		nous clorons
		vous clorez
ils closent		ils cloront

PAST HISTORIC	PERFECT	PLUPERFECT
	j'ai clos	j'avais clos
	tu as clos	tu avais clos
	il a clos	il avait clos
	nous avons clos	nous avions clos
	vous avez clos	vous aviez clos
	ils ont clos	ils avaient clos

PAST ANTERIOR	FUTURE PERFECT
j'eus clos etc	j'aurai clos etc

IMPERATIVE	CONDITIONAL	
	PRESENT	PAST
clos	je clorais	j'aurais clos
	tu clorais	tu aurais clos
	il clorait	il aurait clos
	nous clorions	nous aurions clos
	vous cloriez	vous auriez clos
	ils cloraient	ils auraient clos

SUBJUNCTIVE		
PRESENT	IMPERFECT	PERFECT
je close		j'aie clos
tu closes		tu aies clos
il close		il ait clos
nous closions		nous ayons clos
vous closiez		vous ayez clos
ils closent		ils aient clos

INFINITIVE	PARTICIPLE
PRESENT	PRESENT
clore	
PAST	PAST
avoir clos	clos

COMMENCER
to start

PRESENT

je commence
tu commences
il commence
nous commençons
vous commencez
ils commencent

IMPERFECT

je commençais
tu commençais
il commençait
nous commencions
vous commenciez
ils commençaient

FUTURE

je commencerai
tu commenceras
il commencera
nous commencerons
vous commencerez
ils commenceront

PAST HISTORIC

je commençai
tu commenças
il commença
nous commençâmes
vous commençâtes
ils commencèrent

PERFECT

j'ai commencé
tu as commencé
il a commencé
nous avons commencé
vous avez commencé
ils ont commencé

PLUPERFECT

j'avais commencé
tu avais commencé
il avait commencé
nous avions commencé
vous aviez commencé
ils avaient commencé

PAST ANTERIOR

j'eus commencé etc

FUTURE PERFECT

j'aurai commencé etc

IMPERATIVE

commence
commençons
commencez

CONDITIONAL

PRESENT

je commencerais
tu commencerais
il commencerait
nous commencerions
vous commenceriez
ils commenceraient

PAST

j'aurais commencé
tu aurais commencé
il aurait commencé
nous aurions commencé
vous auriez commencé
ils auraient commencé

SUBJUNCTIVE

PRESENT

je commence
tu commences
il commence
nous commencions
vous commenciez
ils commencent

IMPERFECT

je commençasse
tu commençasses
il commençât
nous commençassions
vous commençassiez
ils commençassent

PERFECT

j'aie commencé
tu aies commencé
il ait commencé
nous ayons commencé
vous ayez commencé
ils aient commencé

INFINITIVE

PRESENT

commencer

PAST

avoir commencé

PARTICIPLE

PRESENT

commençant

PAST

commencé

35 COMPLETER
to complete

PRESENT	IMPERFECT	FUTURE
je complète	je complétais	je compléterai
tu complètes	tu complétais	tu compléteras
il complète	il complétait	il complétera
nous complétons	nous complétions	nous compléterons
vous complétez	vous complétiez	vous compléterez
ils complètent	ils complétaient	ils compléteront

PAST HISTORIC	PERFECT	PLUPERFECT
je complétai	j'ai complété	j'avais complété
tu complétas	tu as complété	tu avais complété
il compléta	il a complété	il avait complété
nous complétâmes	nous avons complété	nous avions complété
vous complétâtes	vous avez complété	vous aviez complété
ils complétèrent	ils ont complété	ils avaient complété

PAST ANTERIOR	FUTURE PERFECT
j'eus complété etc	j'aurai complété etc

IMPERATIVE	*CONDITIONAL*	
	PRESENT	PAST
complète	je compléterais	j'aurais complété
complétons	tu compléterais	tu aurais complété
complétez	il compléterait	il aurait complété
	nous compléterions	nous aurions complété
	vous compléteriez	vous auriez complété
	ils compléteraient	ils auraient complété

SUBJUNCTIVE

PRESENT	IMPERFECT	PERFECT
je complète	je complétasse	j'aie complété
tu complètes	tu complétasses	tu aies complété
il complète	il complétât	il ait complété
nous complétions	nous complétassions	nous ayons complété
vous complétiez	vous complétassiez	vous ayez complété
ils complètent	ils complétassent	ils aient complété

INFINITIVE	*PARTICIPLE*
PRESENT	PRESENT
compléter	complétant
PAST	PAST
avoir complété	complété

COMPRENDRE
to understand

36

PRESENT

je comprends
tu comprends
il comprend
nous comprenons
vous comprenez
ils comprennent

PAST HISTORIC

je compris
tu compris
il comprit
nous comprîmes
vous comprîtes
ils comprirent

PAST ANTERIOR

j'eus compris etc

IMPERFECT

je comprenais
tu comprenais
il comprenait
nous comprenions
vous compreniez
ils comprenaient

PERFECT

j'ai compris
tu as compris
il a compris
nous avons compris
vous avez compris
ils ont compris

FUTURE PERFECT

j'aurai compris etc

FUTURE

je comprendrai
tu comprendras
il comprendra
nous comprendrons
vous comprendrez
ils comprendront

PLUPERFECT

j'avais compris
tu avais compris
il avait compris
nous avions compris
vous aviez compris
ils avaient compris

IMPERATIVE

comprends
comprenons
comprenez

CONDITIONAL

PRESENT

je comprendrais
tu comprendrais
il comprendrait
nous comprendrions
vous comprendriez
ils comprendraient

PAST

j'aurais compris
tu aurais compris
il aurait compris
nous aurions compris
vous auriez compris
ils auraient compris

SUBJUNCTIVE
PRESENT

je comprenne
tu comprennes
il comprenne
nous comprenions
vous compreniez
ils comprennent

IMPERFECT

je comprisse
tu comprisses
il comprît
nous comprissions
vous comprissiez
ils comprissent

PERFECT

j'aie compris
tu aies compris
il ait compris
nous ayons compris
vous ayez compris
ils aient compris

INFINITIVE
PRESENT

comprendre

PAST

avoir compris

PARTICIPLE
PRESENT

comprenant

PAST

compris

CONCLURE
to conclude

PRESENT	IMPERFECT	FUTURE
je conclus	je concluais	je conclurai
tu conclus	tu concluais	tu concluras
il conclut	il concluait	il conclura
nous concluons	nous concluions	nous conclurons
vous concluez	vous concluiez	vous conclurez
ils concluent	ils concluaient	ils concluront

PAST HISTORIC	PERFECT	PLUPERFECT
je conclus	j'ai conclu	j'avais conclu
tu conclus	tu as conclu	tu avais conclu
il conclut	il a conclu	il avait conclu
nous conclûmes	nous avons conclu	nous avions conclu
vous conclûtes	vous avez conclu	vous aviez conclu
ils conclurent	ils ont conclu	ils avaient conclu

PAST ANTERIOR	FUTURE PERFECT
j'eus conclu etc	j'aurai conclu etc

IMPERATIVE	CONDITIONAL	
	PRESENT	PAST
conclus	je conclurais	j'aurais conclu
concluons	tu conclurais	tu aurais conclu
concluez	il conclurait	il aurait conclu
	nous conclurions	nous aurions conclu
	vous concluriez	vous auriez conclu
	ils concluraient	ils auraient conclu

SUBJUNCTIVE

PRESENT	IMPERFECT	PERFECT
je conclue	je conclusse	j'aie conclu
tu conclues	tu conclusses	tu aies conclu
il conclue	il conclût	il ait conclu
nous concluions	nous conclussions	nous ayons conclu
vous concluiez	vous conclussiez	vous ayez conclu
ils concluent	ils conclussent	ils aient conclu

INFINITIVE	PARTICIPLE
PRESENT	PRESENT
conclure	concluant
PAST	PAST
avoir conclu	conclu

CONDUIRE
to lead, to drive

38

PRESENT

je conduis
tu conduis
il conduit
nous conduisons
vous conduisez
ils conduisent

IMPERFECT

je conduisais
tu conduisais
il conduisait
nous conduisions
vous conduisiez
ils conduisaient

FUTURE

je conduirai
tu conduiras
il conduira
nous conduirons
vous conduirez
ils conduiront

PAST HISTORIC

je conduisis
tu conduisis
il conduisit
nous conduisîmes
vous conduisîtes
ils conduisirent

PERFECT

j'ai conduit
tu as conduit
il a conduit
nous avons conduit
vous avez conduit
ils ont conduit

PLUPERFECT

j'avais conduit
tu avais conduit
il avait conduit
nous avions conduit
vous aviez conduit
ils avaient conduit

PAST ANTERIOR

j'eus conduit etc

FUTURE PERFECT

j'aurai conduit etc

IMPERATIVE

conduis
conduisons
conduisez

CONDITIONAL

PRESENT

je conduirais
tu conduirais
il conduirait
nous conduirions
vous conduiriez
ils conduiraient

PAST

j'aurais conduit
tu aurais conduit
il aurait conduit
nous aurions conduit
vous auriez conduit
ils auraient conduit

SUBJUNCTIVE

PRESENT

je conduise
tu conduises
il conduise
nous conduisions
vous conduisiez
ils conduisent

IMPERFECT

je conduisisse
tu conduisisses
il conduisît
nous conduisissions
vous conduisissiez
ils conduisissent

PERFECT

j'aie conduit
tu aies conduit
il ait conduit
nous ayons conduit
vous ayez conduit
ils aient conduit

INFINITIVE

PRESENT

conduire

PAST

avoir conduit

PARTICIPLE

PRESENT

conduisant

PAST

conduit

39 CONFIRE
to preserve

PRESENT	IMPERFECT	FUTURE
je confis	je confisais	je confirai
tu confis	tu confisais	tu confiras
il confit	il confisait	il confira
nous confisons	nous confisions	nous confirons
vous confisez	vous confisiez	vous confirez
ils confisent	ils confisaient	ils confiront

PAST HISTORIC	PERFECT	PLUPERFECT
je confis	j'ai confit	j'avais confit
tu confis	tu as confit	tu avais confit
il confit	il a confit	il avait confit
nous confîmes	nous avons confit	nous avions confit
vous confîtes	vous avez confit	vous aviez confit
ils confirent	ils ont confit	ils avaient confit

PAST ANTERIOR	FUTURE PERFECT
j'eus confit etc	j'aurai confit etc

IMPERATIVE	CONDITIONAL	
	PRESENT	PAST
confis	je confirais	j'aurais confit
confisons	tu confirais	tu aurais confit
confisez	il confirait	il aurait confit
	nous confirions	nous aurions confit
	vous confiriez	vous auriez confit
	ils confiraient	ils auraient confit

SUBJUNCTIVE

PRESENT	IMPERFECT	PERFECT
je confise	je confisse	j'aie confit
tu confises	tu confisses	tu aies confit
il confise	il confît	il ait confit
nous confisions	nous confissions	nous ayons confit
vous confisiez	vous confissiez	vous ayez confit
ils confisent	ils confissent	ils aient confit

INFINITIVE	PARTICIPLE
PRESENT	PRESENT
confire	confisant
PAST	PAST
avoir confit	confit

to know

PRESENT	IMPERFECT	FUTURE
je connais	je connaissais	je connaîtrai
tu connais	tu connaissais	tu connaîtras
il connaît	il connaissait	il connaîtra
nous connaissons	nous connaissions	nous connaîtrons
vous connaissez	vous connaissiez	vous connaîtrez
ils connaissent	ils connaissaient	ils connaîtront

PAST HISTORIC	PERFECT	PLUPERFECT
je connus	j'ai connu	j'avais connu
tu connus	tu as connu	tu avais connu
il connut	il a connu	il avait connu
nous connûmes	nous avons connu	nous avions connu
vous connûtes	vous avez connu	vous aviez connu
ils connurent	ils ont connu	ils avaient connu

PAST ANTERIOR	FUTURE PERFECT
j'eus connu etc	j'aurai connu etc

IMPERATIVE	CONDITIONAL	
	PRESENT	PAST
connais	je connaîtrais	j'aurais connu
connaissons	tu connaîtrais	tu aurais connu
connaissez	il connaîtrait	il aurait connu
	nous connaîtrions	nous aurions connu
	vous connaîtriez	vous auriez connu
	ils connaîtraient	ils auraient connu

SUBJUNCTIVE		
PRESENT	IMPERFECT	PERFECT
je connaisse	je connusse	j'aie connu
tu connaisses	tu connusses	tu aies connu
il connaisse	il connût	il ait connu
nous connaissions	nous connussions	nous ayons connu
vous connaissiez	vous connussiez	vous ayez connu
ils connaissent	ils connussent	ils aient connu

INFINITIVE	PARTICIPLE
PRESENT	PRESENT
connaître	connaissant
PAST	PAST
avoir connu	connu

41 CONSEILLER
to advise

PRESENT	IMPERFECT	FUTURE
je conseille	je conseillais	je conseillerai
tu conseilles	tu conseillais	tu conseilleras
il conseille	il conseillait	il conseillera
nous conseillons	nous conseillions	nous conseillerons
vous conseillez	vous conseilliez	vous conseillerez
ils conseillent	ils conseillaient	ils conseilleront

PAST HISTORIC	PERFECT	PLUPERFECT
je conseillai	j'ai conseillé	j'avais conseillé
tu conseillas	tu as conseillé	tu avais conseillé
il conseilla	il a conseillé	il avait conseillé
nous conseillâmes	nous avons conseillé	nous avions conseillé
vous conseillâtes	vous avez conseillé	vous aviez conseillé
ils conseillèrent	ils ont conseillé	ils avaient conseillé

PAST ANTERIOR	FUTURE PERFECT
j'eus conseillé etc	j'aurai conseillé etc

IMPERATIVE	CONDITIONAL	
	PRESENT	PAST
conseille	je conseillerais	j'aurais conseillé
conseillons	tu conseillerais	tu aurais conseillé
conseillez	il conseillerait	il aurait conseillé
	nous conseillerions	nous aurions conseillé
	vous conseilleriez	vous auriez conseillé
	ils conseilleraient	ils auraient conseillé

SUBJUNCTIVE

PRESENT	IMPERFECT	PERFECT
je conseille	je conseillasse	j'aie conseillé
tu conseilles	tu conseillasses	tu aies conseillé
il conseille	il conseillât	il ait conseillé
nous conseillions	nous conseillassions	nous ayons conseillé
vous conseilliez	vous conseillassiez	vous ayez conseillé
ils conseillent	ils conseillassent	ils aient conseillé

INFINITIVE	PARTICIPLE
PRESENT	PRESENT
conseiller	conseillant
PAST	PAST
avoir conseillé	conseillé

COUDRE
to sew

PRESENT	IMPERFECT	FUTURE
je couds	je cousais	je coudrai
tu couds	tu cousais	tu coudras
il coud	il cousait	il coudra
nous cousons	nous cousions	nous coudrons
vous cousez	vous cousiez	vous coudrez
ils cousent	ils cousaient	ils coudront

PAST HISTORIC	PERFECT	PLUPERFECT
je cousis	j'ai cousu	j'avais cousu
tu cousis	tu as cousu	tu avais cousu
il cousit	il a cousu	il avait cousu
nous cousîmes	nous avons cousu	nous avions cousu
vous cousîtes	vous avez cousu	vous aviez cousu
ils cousirent	ils ont cousu	ils avaient cousu

PAST ANTERIOR	FUTURE PERFECT
j'eus cousu etc	j'aurai cousu etc

IMPERATIVE	CONDITIONAL	
	PRESENT	PAST
couds	je coudrais	j'aurais cousu
cousons	tu coudrais	tu aurais cousu
cousez	il coudrait	il aurait cousu
	nous coudrions	nous aurions cousu
	vous coudriez	vous auriez cousu
	ils coudraient	ils auraient cousu

SUBJUNCTIVE

PRESENT	IMPERFECT	PERFECT
je couse	je cousisse	j'aie cousu
tu couses	tu cousisses	tu aies cousu
il couse	il cousît	il ait cousu
nous cousions	nous cousissions	nous ayons cousu
vous cousiez	vous cousissiez	vous ayez cousu
ils cousent	ils cousissent	ils aient cousu

INFINITIVE	PARTICIPLE
PRESENT	PRESENT
coudre	cousant
PAST	PAST
avoir cousu	cousu

43 COURIR
to run

PRESENT

je cours
tu cours
il court
nous courons
vous courez
ils courent

IMPERFECT

je courais
tu courais
il courait
nous courions
vous couriez
ils couraient

FUTURE

je courrai
tu courras
il courra
nous courrons
vous courrez
ils courront

PAST HISTORIC

je courus
tu courus
il courut
nous courûmes
vous courûtes
ils coururent

PERFECT

j'ai couru
tu as couru
il a couru
nous avons couru
vous avez couru
ils ont couru

PLUPERFECT

j'avais couru
tu avais couru
il avait couru
nous avions couru
vous aviez couru
ils avaient couru

PAST ANTERIOR

j'eus couru etc

FUTURE PERFECT

j'aurai couru etc

IMPERATIVE

cours
courons
courez

CONDITIONAL

PRESENT

je courrais
tu courrais
il courrait
nous courrions
vous courriez
ils courraient

PAST

j'aurais couru
tu aurais couru
il aurait couru
nous aurions couru
vous auriez couru
ils auraient couru

SUBJUNCTIVE

PRESENT

je coure
tu coures
il coure
nous courions
vous couriez
ils courent

IMPERFECT

je courusse
tu courusses
il courût
nous courussions
vous courussiez
ils courussent

PERFECT

j'aie couru
tu aies couru
il ait couru
nous ayons couru
vous ayez couru
ils aient couru

INFINITIVE

PRESENT

courir

PAST

avoir couru

PARTICIPLE

PRESENT

courant

PAST

couru

NOTE

accourir: *auxiliary* avoir *or* être

COUVRIR
to cover

PRESENT	**IMPERFECT**	**FUTURE**
je couvre	je couvrais	je couvrirai
tu couvres	tu couvrais	tu couvriras
il couvre	il couvrait	il couvrira
nous couvrons	nous couvrions	nous couvrirons
vous couvrez	vous couvriez	vous couvrirez
ils couvrent	ils couvraient	ils couvriront

PAST HISTORIC	**PERFECT**	**PLUPERFECT**
je couvris	j'ai couvert	j'avais couvert
tu couvris	tu as couvert	tu avais couvert
il couvrit	il a couvert	il avait couvert
nous couvrîmes	nous avons couvert	nous avions couvert
vous couvrîtes	vous avez couvert	vous aviez couvert
ils couvrirent	ils ont couvert	ils avaient couvert

PAST ANTERIOR	**FUTURE PERFECT**
j'eus couvert etc	j'aurai couvert etc

IMPERATIVE	*CONDITIONAL*	
	PRESENT	**PAST**
couvre	je couvrirais	j'aurais couvert
couvrons	tu couvrirais	tu aurais couvert
couvrez	il couvrirait	il aurait couvert
	nous couvririons	nous aurions couvert
	vous couvririez	vous auriez couvert
	ils couvriraient	ils auraient couvert

SUBJUNCTIVE		
PRESENT	**IMPERFECT**	**PERFECT**
je couvre	je couvrisse	j'aie couvert
tu couvres	tu couvrisses	tu aies couvert
il couvre	il couvrît	il ait couvert
nous couvrions	nous couvrissions	nous ayons couvert
vous couvriez	vous couvrissiez	vous ayez couvert
ils couvrent	ils couvrissent	ils aient couvert

INFINITIVE	*PARTICIPLE*
PRESENT	**PRESENT**
couvrir	couvrant
PAST	**PAST**
avoir couvert	couvert

45 CRAINDRE
to fear

PRESENT	IMPERFECT	FUTURE
je crains	je craignais	je craindrai
tu crains	tu craignais	tu craindras
il craint	il craignait	il craindra
nous craignons	nous craignions	nous craindrons
vous craignez	vous craigniez	vous craindrez
ils craignent	ils craignaient	ils craindront

PAST HISTORIC	PERFECT	PLUPERFECT
je craignis	j'ai craint	j'avais craint
tu craignis	tu as craint	tu avais craint
il craignit	il a craint	il avait craint
nous craignîmes	nous avons craint	nous avions craint
vous craignîtes	vous avez craint	vous aviez craint
ils craignirent	ils ont craint	ils avaient craint

PAST ANTERIOR	FUTURE PERFECT
j'eus craint etc	j'aurai craint etc

IMPERATIVE	CONDITIONAL	
	PRESENT	PAST
crains	je craindrais	j'aurais craint
craignons	tu craindrais	tu aurais craint
craignez	il craindrait	il aurait craint
	nous craindrions	nous aurions craint
	vous craindriez	vous auriez craint
	ils craindraient	ils auraient craint

SUBJUNCTIVE

PRESENT	IMPERFECT	PERFECT
je craigne	je craignisse	j'aie craint
tu craignes	tu craignisses	tu aies craint
il craigne	il craignît	il ait craint
nous craignions	nous craignissions	nous ayons craint
vous craigniez	vous craignissiez	vous ayez craint
ils craignent	ils craignissent	ils aient craint

INFINITIVE	PARTICIPLE
PRESENT	PRESENT
craindre	craignant
PAST	PAST
avoir craint	craint

CREER
to create

46

PRESENT	IMPERFECT	FUTURE
je crée	je créais	je créerai
tu crées	tu créais	tu créeras
il crée	il créait	il créera
nous créons	nous créions	nous créerons
vous créez	vous créiez	vous créerez
ils créent	ils créaient	ils créeront

PAST HISTORIC	PERFECT	PLUPERFECT
je créai	j'ai créé	j'avais créé
tu créas	tu as créé	tu avais créé
il créa	il a créé	il avait créé
nous créâmes	nous avons créé	nous avions créé
vous créâtes	vous avez créé	vous aviez créé
ils créèrent	ils ont créé	ils avaient créé

PAST ANTERIOR	FUTURE PERFECT
j'eus créé etc	j'aurai créé etc

IMPERATIVE	*CONDITIONAL*	
	PRESENT	PAST
crée	je créerais	j'aurais créé
créons	tu créerais	tu aurais créé
créez	il créerait	il aurait créé
	nous créerions	nous aurions créé
	vous créeriez	vous auriez créé
	ils créeraient	ils auraient créé

SUBJUNCTIVE

PRESENT	IMPERFECT	PERFECT
je crée	je créasse	j'aie créé
tu crées	tu créasses	tu aies créé
il crée	il créât	il ait créé
nous créions	nous créassions	nous ayons créé
vous créiez	vous créassiez	vous ayez créé
ils créent	ils créassent	ils aient créé

INFINITIVE	*PARTICIPLE*
PRESENT	PRESENT
créer	créant
PAST	PAST
avoir créé	créé

CRIER
to shout

PRESENT	IMPERFECT	FUTURE
je crie	je criais	je crierai
tu cries	tu criais	tu crieras
il crie	il criait	il criera
nous crions	nous criions	nous crierons
vous criez	vous criiez	vous crierez
ils crient	ils criaient	ils crieront

PAST HISTORIC	PERFECT	PLUPERFECT
je criai	j'ai crié	j'avais crié
tu crias	tu as crié	tu avais crié
il cria	il a crié	il avait crié
nous criâmes	nous avons crié	nous avions crié
vous criâtes	vous avez crié	vous aviez crié
ils crièrent	ils ont crié	ils avaient crié

PAST ANTERIOR	FUTURE PERFECT
j'eus crié etc	j'aurai crié etc

IMPERATIVE	*CONDITIONAL*	
	PRESENT	PAST
crie	je crierais	j'aurais crié
crions	tu crierais	tu aurais crié
criez	il crierait	il aurait crié
	nous crierions	nous aurions crié
	vous crieriez	vous auriez crié
	ils crieraient	ils auraient crié

SUBJUNCTIVE

PRESENT	IMPERFECT	PERFECT
je crie	je criasse	j'aie crié
tu cries	tu criasses	tu aies crié
il crie	il criât	il ait crié
nous criions	nous criassions	nous ayons crié
vous criiez	vous criassiez	vous ayez crié
ils crient	ils criassent	ils aient crié

INFINITIVE	*PARTICIPLE*
PRESENT	PRESENT
crier	criant
PAST	PAST
avoir crié	crié

CROIRE
to believe

48

PRESENT	IMPERFECT	FUTURE
je crois	je croyais	je croirai
tu crois	tu croyais	tu croiras
il croit	il croyait	il croira
nous croyons	nous croyions	nous croirons
vous croyez	vous croyiez	vous croirez
ils croient	ils croyaient	ils croiront

PAST HISTORIC	PERFECT	PLUPERFECT
je crus	j'ai cru	j'avais cru
tu crus	tu as cru	tu avais cru
il crut	il a cru	il avait cru
nous crûmes	nous avons cru	nous avions cru
vous crûtes	vous avez cru	vous aviez cru
ils crurent	ils ont cru	ils avaient cru

PAST ANTERIOR	FUTURE PERFECT
j'eus cru etc	j'aurai cru etc

IMPERATIVE	*CONDITIONAL*	
	PRESENT	PAST
crois	je croirais	j'aurais cru
croyons	tu croirais	tu aurais cru
croyez	il croirait	il aurait cru
	nous croirions	nous aurions cru
	vous croiriez	vous auriez cru
	ils croiraient	ils auraient cru

SUBJUNCTIVE		
PRESENT	IMPERFECT	PERFECT
je croie	je crusse	j'aie cru
tu croies	tu crusses	tu aies cru
il croie	il crût	il ait cru
nous croyions	nous crussions	nous ayons cru
vous croyiez	vous crussiez	vous ayez cru
ils croient	ils crussent	ils aient cru

INFINITIVE	*PARTICIPLE*
PRESENT	PRESENT
croire	croyant
PAST	PAST
avoir cru	cru

49 CROITRE
to grow

PRESENT	IMPERFECT	FUTURE
je croîs	je croissais	je croîtrai
tu croîs	tu croissais	tu croîtras
il croît	il croissait	il croîtra
nous croissons	nous croissions	nous croîtrons
vous croissez	vous croissiez	vous croîtrez
ils croissent	ils croissaient	ils croîtront

PAST HISTORIC	PERFECT	PLUPERFECT
je crûs	j'ai crû	j'avais crû
tu crûs	tu as crû	tu avais crû
il crût	il a crû	il avait crû
nous crûmes	nous avons crû	nous avions crû
vous crûtes	vous avez crû	vous aviez crû
ils crûrent	ils ont crû	ils avaient crû

PAST ANTERIOR	FUTURE PERFECT
j'eus crû etc	j'aurai crû etc

IMPERATIVE	CONDITIONAL	
	PRESENT	PAST
croîs	je croîtrais	j'aurais crû
croissons	tu croîtrais	tu aurais crû
croissez	il croîtrait	il aurait crû
	nous croîtrions	nous aurions crû
	vous croîtriez	vous auriez crû
	ils croîtraient	ils auraient crû

SUBJUNCTIVE

PRESENT	IMPERFECT	PERFECT
je croisse	je crûsse	j'aie crû
tu croisses	tu crûsses	tu aies crû
il croisse	il crût	il ait crû
nous croissions	nous crûssions	nous ayons crû
vous croissiez	vous crûssiez	vous ayez crû
ils croissent	ils crûssent	ils aient crû

INFINITIVE	PARTICIPLE
PRESENT	PRESENT
croître	croissant
PAST	PAST
avoir crû	crû (crue, crus)

to pick

PRESENT	IMPERFECT	FUTURE
je cueille	je cueillais	je cueillerai
tu cueilles	tu cueillais	tu cueilleras
il cueille	il cueillait	il cueillera
nous cueillons	nous cueillions	nous cueillerons
vous cueillez	vous cueilliez	vous cueillerez
ils cueillent	ils cueillaient	ils cueilleront

PAST HISTORIC ·	PERFECT	PLUPERFECT
je cueillis	j'ai cueilli	j'avais cueilli
tu cueillis	tu as cueilli	tu avais cueilli
il cueillit	il a cueilli	il avait cueilli
nous cueillîmes	nous avons cueilli	nous avions cueilli
vous cueillîtes	vous avez cueilli	vous aviez cueilli
ils cueillirent	ils ont cueilli	ils avaient cueilli

PAST ANTERIOR	FUTURE PERFECT
j'eus cueilli etc	j'aurai cueilli etc

IMPERATIVE	*CONDITIONAL*	
	PRESENT	PAST
cueille	je cueillerais	j'aurais cueilli
cueillons	tu cueillerais	tu aurais cueilli
cueillez	il cueillerait	il aurait cueilli
	nous cueillerions	nous aurions cueilli
	vous cueilleriez	vous auriez cueilli
	ils cueilleraient	ils auraient cueilli

SUBJUNCTIVE		
PRESENT	IMPERFECT	PERFECT
je cueille	je cueillisse	j'aie cueilli
tu cueilles	tu cueillisses	tu aies cueilli
il cueille	il cueillît	il ait cueilli
nous cueillions	nous cueillissions	nous ayons cueilli
vous cueilliez	vous cueillissiez	vous ayez cueilli
ils cueillent	ils cueillissent	ils aient cueilli

INFINITIVE	*PARTICIPLE*
PRESENT	PRESENT
cueillir	cueillant
PAST	PAST
avoir cueilli	cueilli

CUIRE
to cook

PRESENT	**IMPERFECT**	**FUTURE**
je cuis	je cuisais	je cuirai
tu cuis	tu cuisais	tu cuiras
il cuit	il cuisait	il cuira
nous cuisons	nous cuisions	nous cuirons
vous cuisez	vous cuisiez	vous cuirez
ils cuisent	ils cuisaient	ils cuiront

PAST HISTORIC	**PERFECT**	**PLUPERFECT**
je cuisis	j'ai cuit	j'avais cuit
tu cuisis	tu as cuit	tu avais cuit
il cuisit	il a cuit	il avait cuit
nous cuisîmes	nous avons cuit	nous avions cuit
vous cuisîtes	vous avez cuit	vous aviez cuit
ils cuisirent	ils ont cuit	ils avaient cuit

PAST ANTERIOR	**FUTURE PERFECT**
j'eus cuit etc	j'aurai cuit etc

IMPERATIVE	*CONDITIONAL*	
	PRESENT	**PAST**
cuis	je cuirais	j'aurais cuit
cuisons	tu cuirais	tu aurais cuit
cuisez	il cuirait	il aurait cuit
	nous cuirions	nous aurions cuit
	vous cuiriez	vous auriez cuit
	ils cuiraient	ils auraient cuit

SUBJUNCTIVE

PRESENT	**IMPERFECT**	**PERFECT**
je cuise	je cuisisse	j'aie cuit
tu cuises	tu cuisisses	tu aies cuit
il cuise	il cuisît	il ait cuit
nous cuisions	nous cuisissions	nous ayons cuit
vous cuisiez	vous cuisissiez	vous ayez cuit
ils cuisent	ils cuisissent	ils aient cuit

INFINITIVE	*PARTICIPLE*
PRESENT	**PRESENT**
cuire	cuisant
PAST	**PAST**
avoir cuit	cuit

PRESENT

je déchois
tu déchois
il déchoit
nous déchoyons
vous déchoyez
ils déchoient

IMPERFECT

FUTURE

je déchoirai
tu déchoiras
il déchoira
nous déchoirons
vous déchoirez
ils déchoiront

PAST HISTORIC

je déchus
tu déchus
il déchut
nous déchûmes
vous déchûtes
ils déchurent

PERFECT

j'ai déchu
tu as déchu
il a déchu
nous avons déchu
vous avez déchu
ils ont déchu

PLUPERFECT

j'avais déchu
tu avais déchu
il avait déchu
nous avions déchu
vous aviez déchu
ils avaient déchu

PAST ANTERIOR

j'eus déchu etc

FUTURE PERFECT

j'aurai déchu etc

IMPERATIVE

CONDITIONAL

PRESENT

je déchoirais
tu déchoirais
il déchoirait
nous déchoirions
vous déchoiriez
ils déchoiraient

PAST

j'aurais déchu
tu aurais déchu
il aurait déchu
nous aurions déchu
vous auriez déchu
ils auraient déchu

SUBJUNCTIVE

PRESENT

je déchoie
tu déchoies
il déchoie
nous déchoyions
vous déchoyiez
ils déchoient

IMPERFECT

je déchusse
tu déchusses
il déchût
nous déchussions
vous déchussiez
ils déchussent

PERFECT

j'aie déchu
tu aies déchu
il ait déchu
nous ayons déchu
vous ayez déchu
ils aient déchu

INFINITIVE

PRESENT

déchoir

PAST

avoir déchu

PARTICIPLE

PRESENT

PAST

déchu

NOTE

can also take auxiliary
être

DECOUVRIR
to discover

PRESENT

je découvre
tu découvres
il découvre
nous découvrons
vous découvrez
ils découvrent

IMPERFECT

je découvrais
tu découvrais
il découvrait
nous découvrions
vous découvriez
ils découvraient

FUTURE

je découvrirai
tu découvriras
il découvrira
nous découvrirons
vous découvrirez
ils découvriront

PAST HISTORIC

je découvris
tu découvris
il découvrit
nous découvrîmes
vous découvrîtes
ils découvrirent

PERFECT

j'ai découvert
tu as découvert
il a découvert
nous avons découvert
vous avez découvert
ils ont découvert

PLUPERFECT

j'avais découvert
tu avais découvert
il avait découvert
nous avions découvert
vous aviez découvert
ils avaient découvert

PAST ANTERIOR

j'eus découvert etc

FUTURE PERFECT

j'aurai découvert etc

IMPERATIVE

découvre
découvrons
découvrez

CONDITIONAL

PRESENT

je découvrirais
tu découvrirais
il découvrirait
nous découvririons
vous découvririez
ils découvriraient

PAST

j'aurais découvert
tu aurais découvert
il aurait découvert
nous aurions découvert
vous auriez découvert
ils auraient découvert

SUBJUNCTIVE

PRESENT

je découvre
tu découvres
il découvre
nous découvrions
vous découvriez
ils découvrent

IMPERFECT

je découvrisse
tu découvrisses
il découvrît
nous découvrissions
vous découvrissiez
ils découvrissent

PERFECT

j'aie découvert
tu aies découvert
il ait découvert
nous ayons découvert
vous ayez découvert
ils aient découvert

INFINITIVE

PRESENT

découvrir

PAST

avoir découvert

PARTICIPLE

PRESENT

découvrant

PAST

découvert

DECRIRE
to describe

PRESENT	**IMPERFECT**	**FUTURE**
je décris	je décrivais	je décrirai
tu décris	tu décrivais	tu décriras
il décrit	il décrivait	il décrira
nous décrivons	nous décrivions	nous décrirons
vous décrivez	vous décriviez	vous décrirez
ils décrivent	ils décrivaient	ils décriront

PAST HISTORIC	**PERFECT**	**PLUPERFECT**
je décrivis	j'ai décrit	j'avais décrit
tu décrivis	tu as décrit	tu avais décrit
il décrivit	il a décrit	il avait décrit
nous décrivîmes	nous avons décrit	nous avions décrit
vous décrivîtes	vous avez décrit	vous aviez décrit
ils décrivirent	ils ont décrit	ils avaient décrit

PAST ANTERIOR	**FUTURE PERFECT**
j'eus décrit etc	j'aurai décrit etc

IMPERATIVE	*CONDITIONAL*	
	PRESENT	**PAST**
décris	je décrirais	j'aurais décrit
décrivons	tu décrirais	tu aurais décrit
décrivez	il décrirait	il aurait décrit
	nous décririons	nous aurions décrit
	vous décririez	vous auriez décrit
	ils décriraient	ils auraient décrit

SUBJUNCTIVE		
PRESENT	**IMPERFECT**	**PERFECT**
je décrive	je décrivisse	j'aie décrit
tu décrives	tu décrivisses	tu aies décrit
il décrive	il décrivît	il ait décrit
nous décrivions	nous décrivissions	nous ayons décrit
vous décriviez	vous décrivissiez	vous ayez décrit
ils décrivent	ils décrivissent	ils aient décrit

INFINITIVE	*PARTICIPLE*
PRESENT	**PRESENT**
décrire	décrivant
PAST	**PAST**
avoir décrit	décrit

55 DEFAILLIR
to faint

PRESENT
je défaille
tu défailles
il défaille
nous défaillons
vous défaillez
ils défaillent

IMPERFECT
je défaillais
tu défaillais
il défaillait
nous défaillions
vous défailliez
ils défaillaient

FUTURE
je défaillirai
tu défailliras
il défaillira
nous défaillirons
vous défaillirez
ils défailliront

PAST HISTORIC
je défaillis
tu défaillis
il défaillit
nous défaillîmes
vous défaillîtes
ils défaillirent

PERFECT
j'ai défailli
tu as défailli
il a défailli
nous avons défailli
vous avez défailli
ils ont défailli

PLUPERFECT
j'avais défailli
tu avais défailli
il avait défailli
nous avions défailli
vous aviez défailli
ils avaient défailli

PAST ANTERIOR
j'eus défailli etc

FUTURE PERFECT
j'aurai défailli etc

IMPERATIVE
défaille
défaillons
défaillez

CONDITIONAL
PRESENT
je défaillirais
tu défaillirais
il défaillirait
nous défaillirions
vous défailliriez
ils défailliraient

PAST
j'aurais défailli
tu aurais défailli
il aurait défailli
nous aurions défailli
vous auriez défailli
ils auraient défailli

SUBJUNCTIVE
PRESENT
je défaille
tu défailles
il défaille
nous défaillions
vous défailliez
ils défaillent

IMPERFECT
je défaillisse
tu défaillisses
il défaillît
nous défaillissions
vous défaillissiez
ils défaillissent

PERFECT
j'aie défailli
tu aies défailli
il ait défailli
nous ayons défailli
vous ayez défailli
ils aient défailli

INFINITIVE
PRESENT
défaillir

PAST
avoir défailli

PARTICIPLE
PRESENT
défaillant

PAST
défailli

DEFENDRE
to defend, to forbid

PRESENT	**IMPERFECT**	**FUTURE**
je défends	je défendais	je défendrai
tu défends	tu défendais	tu défendras
il défend	il défendait	il défendra
nous défendons	nous défendions	nous défendrons
vous défendez	vous défendiez	vous défendrez
ils défendent	ils défendaient	ils défendront

PAST HISTORIC	**PERFECT**	**PLUPERFECT**
je défendis	j'ai défendu	j'avais défendu
tu défendis	tu as défendu	tu avais défendu
il défendit	il a défendu	il avait défendu
nous défendîmes	nous avons défendu	nous avions défendu
vous défendîtes	vous avez défendu	vous aviez défendu
ils défendirent	ils ont défendu	ils avaient défendu

PAST ANTERIOR	**FUTURE PERFECT**
j'eus défendu etc	j'aurai défendu etc

IMPERATIVE	*CONDITIONAL*	
	PRESENT	**PAST**
défends	je défendrais	j'aurais défendu
défendons	tu défendrais	tu aurais défendu
défendez	il défendrait	il aurait défendu
	nous défendrions	nous aurions défendu
	vous défendriez	vous auriez défendu
	ils défendraient	ils auraient défendu

SUBJUNCTIVE

PRESENT	**IMPERFECT**	**PERFECT**
je défende	je défendisse	j'aie défendu
tu défendes	tu défendisses	tu aies défendu
il défende	il défendît	il ait défendu
nous défendions	nous défendissions	nous ayons défendu
vous défendiez	vous défendissiez	vous ayez défendu
ils défendent	ils défendissent	ils aient défendu

INFINITIVE	*PARTICIPLE*
PRESENT	**PRESENT**
défendre	défendant
PAST	**PAST**
avoir défendu	défendu

DEMONTER
to dismantle

PRESENT	IMPERFECT	FUTURE
je démonte	je démontais	je démonterai
tu démontes	tu démontais	tu démonteras
il démonte	il démontait	il démontera
nous démontons	nous démontions	nous démonterons
vous démontez	vous démontiez	vous démonterez
ils démontent	ils démontaient	ils démonteront

PAST HISTORIC	PERFECT	PLUPERFECT
je démontai	j'ai démonté	j'avais démonté
tu démontas	tu as démonté	tu avais démonté
il démonta	il a démonté	il avait démonté
nous démontâmes	nous avons démonté	nous avions démonté
vous démontâtes	vous avez démonté	vous aviez démonté
ils démontèrent	ils ont démonté	ils avaient démonté

PAST ANTERIOR	FUTURE PERFECT
j'eus démonté etc	j'aurai démonté etc

IMPERATIVE	CONDITIONAL	
	PRESENT	PAST
démonte	je démonterais	j'aurais démonté
démontons	tu démonterais	tu aurais démonté
démontez	il démonterait	il aurait démonté
	nous démonterions	nous aurions démonté
	vous démonteriez	vous auriez démonté
	ils démonteraient	ils auraient démonté

SUBJUNCTIVE

PRESENT	IMPERFECT	PERFECT
je démonte	je démontasse	j'aie démonté
tu démontes	tu démontasses	tu aies démonté
il démonte	il démontât	il ait démonté
nous démontions	nous démontassions	nous ayons démonté
vous démontiez	vous démontassiez	vous ayez démonté
ils démontent	ils démontassent	ils aient démonté

INFINITIVE	PARTICIPLE
PRESENT	PRESENT
démonter	démontant
PAST	PAST
avoir démonté	démonté

DEPECER
to cut up

58

PRESENT

je dépèce
tu dépèces
il dépèce
nous dépeçons
vous dépecez
ils dépècent

IMPERFECT

je dépeçais
tu dépeçais
il dépeçait
nous dépecions
vous dépeciez
ils dépeçaient

FUTURE

je dépècerai
tu dépèceras
il dépècera
nous dépècerons
vous dépècerez
ils dépèceront

PAST HISTORIC

je dépeçai
tu dépeças
il dépeça
nous dépeçâmes
vous dépeçâtes
ils dépecèrent

PERFECT

j'ai dépecé
tu as dépecé
il a dépecé
nous avons dépecé
vous avez dépecé
ils ont dépecé

PLUPERFECT

j'avais dépecé
tu avais dépecé
il avait dépecé
nous avions dépecé
vous aviez dépecé
ils avaient dépecé

PAST ANTERIOR

j'eus dépecé etc

FUTURE PERFECT

j'aurai dépecé etc

IMPERATIVE

dépèce
dépeçons
dépecez

CONDITIONAL

PRESENT

je dépècerais
tu dépècerais
il dépècerait
nous dépècerions
vous dépèceriez
ils dépèceraient

PAST

j'aurais dépecé
tu aurais dépecé
il aurait dépecé
nous aurions dépecé
vous auriez dépecé
ils auraient dépecé

SUBJUNCTIVE

PRESENT

je dépèce
tu dépèces
il dépèce
nous dépecions
vous dépeciez
ils dépècent

IMPERFECT

je dépeçasse
tu dépeçasses
il dépeçât
nous dépeçassions
vous dépeçassiez
ils dépeçassent

PERFECT

j'aie dépecé
tu aies dépecé
il ait dépecé
nous ayons dépecé
vous ayez dépecé
ils aient dépecé

INFINITIVE

PRESENT

dépecer

PAST

avoir dépecé

PARTICIPLE

PRESENT

dépeçant

PAST

dépecé

59   DESCENDRE
to go down

PRESENT

je descends
tu descends
il descend
nous descendons
vous descendez
ils descendent

IMPERFECT

je descendais
tu descendais
il descendait
nous descendions
vous descendiez
ils descendaient

FUTURE

je descendrai
tu descendras
il descendra
nous descendrons
vous descendrez
ils descendront

PAST HISTORIC

je descendis
tu descendis
il descendit
nous descendîmes
vous descendîtes
ils descendirent

PERFECT

je suis descendu
tu es descendu
il est descendu
nous sommes descendus
vous êtes descendu(s)
ils sont descendus

PLUPERFECT

j'étais descendu
tu étais descendu
il était descendu
nous étions descendus
vous étiez descendu(s)
ils étaient descendus

PAST ANTERIOR

je fus descendu etc

FUTURE PERFECT

je serai descendu etc

IMPERATIVE

descends
descendons
descendez

CONDITIONAL

PRESENT

je descendrais
tu descendrais
il descendrait
nous descendrions
vous descendriez
ils descendraient

PAST

je serais descendu
tu serais descendu
il serait descendu
nous serions descendus
vous seriez descendu(s)
ils seraient descendus

SUBJUNCTIVE

PRESENT

je descende
tu descendes
il descende
nous descendions
vous descendiez
ils descendent

IMPERFECT

je descendisse
tu descendisses
il descendît
nous descendissions
vous descendissiez
ils descendissent

PERFECT

je sois descendu
tu sois descendu
il soit descendu
nous soyons descendus
vous soyez descendu(s)
ils soient descendus

INFINITIVE

PRESENT

descendre

PAST

être descendu

PARTICIPLE

PRESENT

descendant

PAST

descendu

NOTE

auxiliary avoir *when transitive*

DETRUIRE
to destroy

60

PRESENT	IMPERFECT	FUTURE
je détruis	je détruisais	je détruirai
tu détruis	tu détruisais	tu détruiras
il détruit	il détruisait	il détruira
nous détruisons	nous détruisions	nous détruirons
vous détruisez	vous détruisiez	vous détruirez
ils détruisent	ils détruisaient	ils détruiront

PAST HISTORIC	PERFECT	PLUPERFECT
je détruisis	j'ai détruit	j'avais détruit
tu détruisis	tu as détruit	tu avais détruit
il détruisit	il a détruit	il avait détruit
nous détruisîmes	nous avons détruit	nous avions détruit
vous détruisîtes	vous avez détruit	vous aviez détruit
ils détruisirent	ils ont détruit	ils avaient détruit

PAST ANTERIOR	FUTURE PERFECT
j'eus détruit etc	j'aurai détruit etc

IMPERATIVE	*CONDITIONAL*	
	PRESENT	PAST
détruis	je détruirais	j'aurais détruit
détruisons	tu détruirais	tu aurais détruit
détruisez	il détruirait	il aurait détruit
	nous détruirions	nous aurions détruit
	vous détruiriez	vous auriez détruit
	ils détruiraient	ils auraient détruit

SUBJUNCTIVE

PRESENT	IMPERFECT	PERFECT
je détruise	je détruisisse	j'aie détruit
tu détruises	tu détruisisses	tu aies détruit
il détruise	il détruisît	il ait détruit
nous détruisions	nous détruisissions	nous ayons détruit
vous détruisiez	vous détruisissiez	vous ayez détruit
ils détruisent	ils détruisissent	ils aient détruit

INFINITIVE	*PARTICIPLE*
PRESENT	PRESENT
détruire	détruisant
PAST	PAST
avoir détruit	détruit

DEVENIR
to become

PRESENT	IMPERFECT	FUTURE
je deviens	je devenais	je deviendrai
tu deviens	tu devenais	tu deviendras
il devient	il devenait	il deviendra
nous devenons	nous devenions	nous deviendrons
vous devenez	vous deveniez	vous deviendrez
ils deviennent	ils devenaient	ils deviendront

PAST HISTORIC	PERFECT	PLUPERFECT
je devins	je suis devenu	j'étais devenu
tu devins	tu es devenu	tu étais devenu
il devint	il est devenu	il était devenu
nous devînmes	nous sommes devenus	nous étions devenus
vous devîntes	vous êtes devenu(s)	vous étiez devenu(s)
ils devinrent	ils sont devenus	ils étaient devenus

PAST ANTERIOR	FUTURE PERFECT
je fus devenu etc	je serai devenu etc

IMPERATIVE	*CONDITIONAL*	
	PRESENT	PAST
deviens	je deviendrais	je serais devenu
devenons	tu deviendrais	tu serais devenu
devenez	il deviendrait	il serait devenu
	nous deviendrions	nous serions devenus
	vous deviendriez	vous seriez devenu(s)
	ils deviendraient	ils seraient devenus

SUBJUNCTIVE

PRESENT	IMPERFECT	PERFECT
je devienne	je devinsse	je sois devenu
tu deviennes	tu devinsses	tu sois devenu
il devienne	il devînt	il soit devenu
nous devenions	nous devinssions	nous soyons devenus
vous deveniez	vous devinssiez	vous soyez devenu(s)
ils deviennent	ils devinssent	ils soient devenus

INFINITIVE	*PARTICIPLE*
PRESENT	PRESENT
devenir	devenant
PAST	PAST
être devenu	devenu

DEVOIR
to have to

PRESENT

je dois
tu dois
il doit
nous devons
vous devez
ils doivent

IMPERFECT

je devais
tu devais
il devait
nous devions
vous deviez
ils devaient

FUTURE

je devrai
tu devras
il devra
nous devrons
vous devrez
ils devront

PAST HISTORIC

je dus
tu dus
il dut
nous dûmes
vous dûtes
ils durent

PERFECT

j'ai dû
tu as dû
il a dû
nous avons dû
vous avez dû
ils ont dû

PLUPERFECT

j'avais dû
tu avais dû
il avait dû
nous avions dû
vous aviez dû
ils avaient dû

PAST ANTERIOR

j'eus dû etc

FUTURE PERFECT

j'aurai dû etc

IMPERATIVE

dois
devons
devez

CONDITIONAL

PRESENT

je devrais
tu devrais
il devrait
nous devrions
vous devriez
ils devraient

PAST

j'aurais dû
tu aurais dû
il aurait dû
nous aurions dû
vous auriez dû
ils auraient dû

SUBJUNCTIVE

PRESENT

je doive
tu doives
il doive
nous devions
vous deviez
ils doivent

IMPERFECT

je dusse
tu dusses
il dût
nous dussions
vous dussiez
ils dussent

PERFECT

j'aie dû
tu aies dû
il ait dû
nous ayons dû
vous ayez dû
ils aient dû

INFINITIVE

PRESENT

devoir

PAST

avoir dû

PARTICIPLE

PRESENT

devant

PAST

dû (due, dus)

63 **DIRE**
to say

PRESENT	IMPERFECT	FUTURE
je dis	je disais	je dirai
tu dis	tu disais	tu diras
il dit	il disait	il dira
nous disons	nous disions	nous dirons
vous dites	vous disiez	vous direz
ils disent	ils disaient	ils diront

PAST HISTORIC	PERFECT	PLUPERFECT
je dis	j'ai dit	j'avais dit
tu dis	tu as dit	tu avais dit
il dit	il a dit	il avait dit
nous dîmes	nous avons dit	nous avions dit
vous dîtes	vous avez dit	vous aviez dit
ils dirent	ils ont dit	ils avaient dit

PAST ANTERIOR	FUTURE PERFECT
j'eus dit etc	j'aurai dit etc

IMPERATIVE	CONDITIONAL	
	PRESENT	PAST
dis	je dirais	j'aurais dit
disons	tu dirais	tu aurais dit
dites	il dirait	il aurait dit
	nous dirions	nous aurions dit
	vous diriez	vous auriez dit
	ils diraient	ils auraient dit

SUBJUNCTIVE

PRESENT	IMPERFECT	PERFECT
je dise	je disse	j'aie dit
tu dises	tu disses	tu aies dit
il dise	il dît	il ait dit
nous disions	nous dissions	nous ayons dit
vous disiez	vous dissiez	vous ayez dit
ils disent	ils dissent	ils aient dit

INFINITIVE	PARTICIPLE
PRESENT	PRESENT
dire	disant
PAST	PAST
avoir dit	dit

DISSEQUER
to dissect

PRESENT	IMPERFECT	FUTURE
je dissèque	je disséquais	je disséquerai
tu dissèques	tu disséquais	tu disséqueras
il dissèque	il disséquait	il disséquera
nous disséquons	nous disséquions	nous disséquerons
vous disséquez	vous disséquiez	vous disséquerez
ils dissèquent	ils disséquaient	ils disséqueront

PAST HISTORIC	PERFECT	PLUPERFECT
je disséquai	j'ai disséqué	j'avais disséqué
tu disséquas	tu as disséqué	tu avais disséqué
il disséqua	il a disséqué	il avait disséqué
nous disséquâmes	nous avons disséqué	nous avions disséqué
vous disséquâtes	vous avez disséqué	vous aviez disséqué
ils disséquèrent	ils ont disséqué	ils avaient disséqué

PAST ANTERIOR	FUTURE PERFECT
j'eus disséqué etc	j'aurai disséqué etc

IMPERATIVE	*CONDITIONAL*	
	PRESENT	**PAST**
dissèque	je disséquerais	j'aurais disséqué
disséquons	tu disséquerais	tu aurais disséqué
disséquez	il disséquerait	il aurait disséqué
	nous disséquerions	nous aurions disséqué
	vous disséqueriez	vous auriez disséqué
	ils disséqueraient	ils auraient disséqué

SUBJUNCTIVE

PRESENT	IMPERFECT	PERFECT
je dissèque	je disséquasse	j'aie disséqué
tu dissèques	tu disséquasses	tu aies disséqué
il dissèque	il disséquât	il ait disséqué
nous disséquions	nous disséquassions	nous ayons disséqué
vous disséquiez	vous disséquassiez	vous ayez disséqué
ils dissèquent	ils disséquassent	ils aient disséqué

INFINITIVE	*PARTICIPLE*
PRESENT	**PRESENT**
disséquer	disséquant
PAST	**PAST**
avoir disséqué	disséqué

DISSOUDRE
to dissolve

PRESENT	IMPERFECT	FUTURE
je dissous	je dissolvais	je dissoudrai
tu dissous	tu dissolvais	tu dissoudras
il dissout	il dissolvait	il dissoudra
nous dissolvons	nous dissolvions	nous dissoudrons
vous dissolvez	vous dissolviez	vous dissoudrez
ils dissolvent	ils dissolvaient	ils dissoudront

PAST HISTORIC	PERFECT	PLUPERFECT
je dissolus	j'ai dissous	j'avais dissous
tu dissolus	tu as dissous	tu avais dissous
il dissolut	il a dissous	il avait dissous
nous dissolûmes	nous avons dissous	nous avions dissous
vous dissolûtes	vous avez dissous	vous aviez dissous
ils dissolurent	ils ont dissous	ils avaient dissous

PAST ANTERIOR	FUTURE PERFECT
j'eus dissous etc	j'aurai dissous etc

IMPERATIVE	CONDITIONAL	
	PRESENT	PAST
dissous	je dissoudrais	j'aurais dissous
dissolvons	tu dissoudrais	tu aurais dissous
dissolvez	il dissoudrait	il aurait dissous
	nous dissoudrions	nous aurions dissous
	vous dissoudriez	vous auriez dissous
	ils dissoudraient	ils auraient dissous

SUBJUNCTIVE

PRESENT	IMPERFECT	PERFECT
je dissolve	je dissolusse	j'aie dissous
tu dissolves	tu dissolusses	tu aies dissous
il dissolve	il dissolût	il ait dissous
nous dissolvions	nous dissolussions	nous ayons dissous
vous dissolviez	vous dissolussiez	vous ayez dissous
ils dissolvent	ils dissolussent	ils aient dissous

INFINITIVE	PARTICIPLE
PRESENT	PRESENT
dissoudre	dissolvant
PAST	PAST
avoir dissous	dissous (dissoute)

DISTRAIRE
to distract

66

PRESENT	IMPERFECT	FUTURE
je distrais	je distrayais	je distrairai
tu distrais	tu distrayais	tu distrairas
il distrait	il distrayait	il distraira
nous distrayons	nous distrayions	nous distrairons
vous distrayez	vous distrayiez	vous distrairez
ils distraient	ils distrayaient	ils distrairont

PAST HISTORIC	PERFECT	PLUPERFECT
	j'ai distrait	j'avais distrait
	tu as distrait	tu avais distrait
	il a distrait	il avait distrait
	nous avons distrait	nous avions distrait
	vous avez distrait	vous aviez distrait
	ils ont distrait	ils avaient distrait

PAST ANTERIOR	FUTURE PERFECT
j'eus distrait etc	j'aurai distrait etc

IMPERATIVE	CONDITIONAL	
	PRESENT	PAST
distrais	je distrairais	j'aurais distrait
distrayons	tu distrairais	tu aurais distrait
distrayez	il distrairait	il aurait distrait
	nous distrairions	nous aurions distrait
	vous distrairiez	vous auriez distrait
	ils distrairaient	ils auraient distrait

SUBJUNCTIVE

PRESENT	IMPERFECT	PERFECT
je distraie		j'aie distrait
tu distraies		tu aies distrait
il distraie		il ait distrait
nous distrayions		nous ayons distrait
vous distrayiez		vous ayez distrait
ils distraient		ils aient distrait

INFINITIVE	PARTICIPLE	NOTE
PRESENT	PRESENT	braire *and* traire: *no past historic or subjunctive imperfect*
distraire	distrayant	
PAST	PAST	
avoir distrait	distrait	

67 DONNER
to give

PRESENT	IMPERFECT	FUTURE
je donne	je donnais	je donnerai
tu donnes	tu donnais	tu donneras
il donne	il donnait	il donnera
nous donnons	nous donnions	nous donnerons
vous donnez	vous donniez	vous donnerez
ils donnent	ils donnaient	ils donneront

PAST HISTORIC	PERFECT	PLUPERFECT
je donnai	j'ai donné	j'avais donné
tu donnas	tu as donné	tu avais donné
il donna	il a donné	il avait donné
nous donnâmes	nous avons donné	nous avions donné
vous donnâtes	vous avez donné	vous aviez donné
ils donnèrent	ils ont donné	ils avaient donné

PAST ANTERIOR	FUTURE PERFECT
j'eus donné etc	j'aurai donné etc

IMPERATIVE	CONDITIONAL	
	PRESENT	PAST
donne	je donnerais	j'aurais donné
donnons	tu donnerais	tu aurais donné
donnez	il donnerait	il aurait donné
	nous donnerions	nous aurions donné
	vous donneriez	vous auriez donné
	ils donneraient	ils auraient donné

SUBJUNCTIVE

PRESENT	IMPERFECT	PERFECT
je donne	je donnasse	j'aie donné
tu donnes	tu donnasses	tu aies donné
il donne	il donnât	il ait donné
nous donnions	nous donnassions	nous ayons donné
vous donniez	vous donnassiez	vous ayez donné
ils donnent	ils donnassent	ils aient donné

INFINITIVE	PARTICIPLE
PRESENT	PRESENT
donner	donnant
PAST	PAST
avoir donné	donné

DORMIR
to sleep

PRESENT	IMPERFECT	FUTURE
je dors	je dormais	je dormirai
tu dors	tu dormais	tu dormiras
il dort	il dormait	il dormira
nous dormons	nous dormions	nous dormirons
vous dormez	vous dormiez	vous dormirez
ils dorment	ils dormaient	ils dormiront

PAST HISTORIC	PERFECT	PLUPERFECT
je dormis	j'ai dormi	j'avais dormi
tu dormis	tu as dormi	tu avais dormi
il dormit	il a dormi	il avait dormi
nous dormîmes	nous avons dormi	nous avions dormi
vous dormîtes	vous avez dormi	vous aviez dormi
ils dormirent	ils ont dormi	ils avaient dormi

PAST ANTERIOR	FUTURE PERFECT
j'eus dormi etc	j'aurai dormi etc

IMPERATIVE	CONDITIONAL	
	PRESENT	PAST
dors	je dormirais	j'aurais dormi
dormons	tu dormirais	tu aurais dormi
dormez	il dormirait	il aurait dormi
	nous dormirions	nous aurions dormi
	vous dormiriez	vous auriez dormi
	ils dormiraient	ils auraient dormi

SUBJUNCTIVE

PRESENT	IMPERFECT	PERFECT
je dorme	je dormisse	j'aie dormi
tu dormes	tu dormisses	tu aies dormi
il dorme	il dormît	il ait dormi
nous dormions	nous dormissions	nous ayons dormi
vous dormiez	vous dormissiez	vous ayez dormi
ils dorment	ils dormissent	ils aient dormi

INFINITIVE	PARTICIPLE
PRESENT	PRESENT
dormir	dormant
PAST	PAST
avoir dormi	dormi

69 ECHOIR
to expire

PRESENT	IMPERFECT	FUTURE
il échoit		il échoira

PAST HISTORIC	PERFECT	PLUPERFECT
il échut	il est échu	il était échu

PAST ANTERIOR	FUTURE PERFECT	
il fut échu	il sera échu	

IMPERATIVE	CONDITIONAL	
	PRESENT	PAST
	il échoirait	il serait échu
	ils échoiraient	

SUBJUNCTIVE		
PRESENT	IMPERFECT	PERFECT
	il échût	il soit échu

INFINITIVE	PARTICIPLE
PRESENT	PRESENT
échoir	échéant
PAST	PAST
être échu	échu

ECLORE
to hatch, to open

PRESENT	IMPERFECT	FUTURE
il éclôt		il éclora
ils éclosent		ils écloront

PAST HISTORIC	PERFECT	PLUPERFECT
	il est éclos	il était éclos
	ils sont éclos	ils étaient éclos

PAST ANTERIOR	FUTURE PERFECT	
il fut éclos etc	il sera éclos etc	

IMPERATIVE	CONDITIONAL	
	PRESENT	PAST
	il éclorait	il serait éclos
	ils écloraient	ils seraient éclos

SUBJUNCTIVE		
PRESENT	IMPERFECT	PERFECT[14]
il éclose		il soit éclos
ils éclosent		ils soient éclos

INFINITIVE	PARTICIPLE
PRESENT	PRESENT
éclore	
PAST	PAST
être éclos	éclos

ECREMER
to skim

PRESENT	IMPERFECT	FUTURE
j'écrème	j'écrémais	j'écrémerai
tu écrèmes	tu écrémais	tu écrémeras
il écrème	il écrémait	il écrémera
nous écrémons	nous écrémions	nous écrémerons
vous écrémez	vous écrémiez	vous écrémerez
ils écrèment	ils écrémaient	ils écrémeront

PAST HISTORIC	PERFECT	PLUPERFECT
j'écrémai	j'ai écrémé	j'avais écrémé
tu écrémas	tu as écrémé	tu avais écrémé
il écréma	il a écrémé	il avait écrémé
nous écrémâmes	nous avons écrémé	nous avions écrémé
vous écrémâtes	vous avez écrémé	vous aviez écrémé
ils écrémèrent	ils ont écrémé	ils avaient écrémé

PAST ANTERIOR	FUTURE PERFECT
j'eus écrémé etc	j'aurai écrémé etc

IMPERATIVE	CONDITIONAL	
	PRESENT	PAST
écrème	j'écrémerais	j'aurais écrémé
écrémons	tu écrémerais	tu aurais écrémé
écrémez	il écrémerait	il aurait écrémé
	nous écrémerions	nous aurions écrémé
	vous écrémeriez	vous auriez écrémé
	ils écrémeraient	ils auraient écrémé

SUBJUNCTIVE

PRESENT	IMPERFECT	PERFECT
j'écrème	j'écrémasse	j'aie écrémé
tu écrèmes	tu écrémasses	tu aies écrémé
il écrème	il écrémât	il ait écrémé
nous écrémions	nous écrémassions	nous ayons écrémé
vous écrémiez	vous écrémassiez	vous ayez écrémé
ils écrèment	ils écrémassent	ils aient écrémé

INFINITIVE	PARTICIPLE
PRESENT	PRESENT
écrémer	écrémant
PAST	PAST
avoir écrémé	écrémé

PRESENT	IMPERFECT	FUTURE
j'écris	j'écrivais	j'écrirai
tu écris	tu écrivais	tu écriras
il écrit	il écrivait	il écrira
nous écrivons	nous écrivions	nous écrirons
vous écrivez	vous écriviez	vous écrirez
ils écrivent	ils écrivaient	ils écriront

PAST HISTORIC	PERFECT	PLUPERFECT
j'écrivis	j'ai écrit	j'avais écrit
tu écrivis	tu as écrit	tu avais écrit
il écrivit	il a écrit	il avait écrit
nous écrivîmes	nous avons écrit	nous avions écrit
vous écrivîtes	vous avez écrit	vous aviez écrit
ils écrivirent	ils ont écrit	ils avaient écrit

PAST ANTERIOR	FUTURE PERFECT
j'eus écrit etc	j'aurai écrit etc

IMPERATIVE	*CONDITIONAL*	
	PRESENT	PAST
écris	j'écrirais	j'aurais écrit
écrivons	tu écrirais	tu aurais écrit
écrivez	il écrirait	il aurait écrit
	nous écririons	nous aurions écrit
	vous écririez	vous auriez écrit
	ils écriraient	ils auraient écrit

SUBJUNCTIVE		
PRESENT	IMPERFECT	PERFECT
j'écrive	j'écrivisse	j'aie écrit
tu écrives	tu écrivisses	tu aies écrit
il écrive	il écrivît	il ait écrit
nous écrivions	nous écrivissions	nous ayons écrit
vous écriviez	vous écrivissiez	vous ayez écrit
ils écrivent	ils écrivissent	ils aient écrit

INFINITIVE	*PARTICIPLE*
PRESENT	PRESENT
écrire	écrivant
PAST	PAST
avoir écrit	écrit

ELEVER
to raise

PRESENT	IMPERFECT	FUTURE
j'élève	j'élevais	j'élèverai
tu élèves	tu élevais	tu élèveras
il élève	il élevait	il élèvera
nous élevons	nous élevions	nous élèverons
vous élevez	vous éleviez	vous élèverez
ils élèvent	ils élevaient	ils élèveront

PAST HISTORIC	PERFECT	PLUPERFECT
j'élevai	j'ai élevé	j'avais élevé
tu élevas	tu as élevé	tu avais élevé
il éleva	il a élevé	il avait élevé
nous élevâmes	nous avons élevé	nous avions élevé
vous élevâtes	vous avez élevé	vous aviez élevé
ils élevèrent	ils ont élevé	ils avaient élevé

PAST ANTERIOR	FUTURE PERFECT
j'eus élevé etc	j'aurai élevé etc

IMPERATIVE	*CONDITIONAL*	
	PRESENT	PAST
élève	j'élèverais	j'aurais élevé
élevons	tu élèverais	tu aurais élevé
élevez	il élèverait	il aurait élevé
	nous élèverions	nous aurions élevé
	vous élèveriez	vous auriez élevé
	ils élèveraient	ils auraient élevé

SUBJUNCTIVE		
PRESENT	IMPERFECT	PERFECT
j'élève	j'élevasse	j'aie élevé
tu élèves	tu élevasses	tu aies élevé
il élève	il élevât	il ait élevé
nous élevions	nous élevassions	nous ayons élevé
vous éleviez	vous élevassiez	vous ayez élevé
ils élèvent	ils élevassent	ils aient élevé

INFINITIVE	*PARTICIPLE*
PRESENT	PRESENT
élever	élevant
PAST	PAST
avoir élevé	élevé

to move (emotionally)

PRESENT	IMPERFECT	FUTURE
j'émeus	j'émouvais	j'émouvrai
tu émeus	tu émouvais	tu émouvras
il émeut	il émouvait	il émouvra
nous émouvons	nous émouvions	nous émouvrons
vous émouvez	vous émouviez	vous émouvrez
ils émeuvent	ils émouvaient	ils émouvront

PAST HISTORIC	PERFECT	PLUPERFECT
j'émus	j'ai ému	j'avais ému
tu émus	tu as ému	tu avais ému
il émut	il a ému	il avait ému
nous émûmes	nous avons ému	nous avions ému
vous émûtes	vous avez ému	vous aviez ému
ils émurent	ils ont ému	ils avaient ému

PAST ANTERIOR	FUTURE PERFECT
j'eus ému etc	j'aurai ému etc

IMPERATIVE	*CONDITIONAL*	
	PRESENT	PAST
émeus	j'émouvrais	j'aurais ému
émouvons	tu émouvrais	tu aurais ému
émouvez	il émouvrait	il aurait ému
	nous émouvrions	nous aurions ému
	vous émouvriez	vous auriez ému
	ils émouvraient	ils auraient ému

SUBJUNCTIVE

PRESENT	IMPERFECT	PERFECT
j'émeuve	j'émusse	j'aie ému
tu émeuves	tu émusses	tu aies ému
il émeuve	il émût	il ait ému
nous émouvions	nous émussions	nous ayons ému
vous émouviez	vous émussiez	vous ayez ému
ils émeuvent	ils émussent	ils aient ému

INFINITIVE	*PARTICIPLE*
PRESENT	PRESENT
émouvoir	émouvant
PAST	PAST
avoir ému	ému

ENCLORE
to enclose

PRESENT	IMPERFECT	FUTURE
j'enclos		j'enclorai
tu enclos		tu encloras
il enclôt		il enclora
nous enclosons		nous enclorons
vous enclosez		vous enclorez
ils enclosent		ils encloront

PAST HISTORIC	PERFECT	PLUPERFECT
	j'ai enclos	j'avais enclos
	tu as enclos	tu avais enclos
	il a enclos	il avait enclos
	nous avons enclos	nous avions enclos
	vous avez enclos	vous aviez enclos
	ils ont enclos	ils avaient enclos

PAST ANTERIOR	FUTURE PERFECT
j'eus enclos etc	j'aurai enclos etc

IMPERATIVE	CONDITIONAL	
	PRESENT	PAST
enclos	j'enclorais	j'aurais enclos
	tu enclorais	tu aurais enclos
	il enclorait	il aurait enclos
	nous enclorions	nous aurions enclos
	vous encloriez	vous auriez enclos
	ils encloraient	ils auraient enclos

SUBJUNCTIVE		
PRESENT	IMPERFECT	PERFECT
j'enclose		j'aie enclos
tu encloses		tu aies enclos
il enclose		il ait enclos
nous enclosions		nous ayons enclos
vous enclosiez		vous ayez enclos
ils enclosent		ils aient enclos

INFINITIVE	PARTICIPLE
PRESENT	PRESENT
enclore	
PAST	PAST
avoir enclos	enclos

S'ENDORMIR
to fall asleep

PRESENT

je m'endors
tu t'endors
il s'endort
nous nous endormons
vous vous endormez
ils s'endorment

IMPERFECT

je m'endormais
tu t'endormais
il s'endormait
nous nous endormions
vous vous endormiez
ils s'endormaient

FUTURE

je m'endormirai
tu t'endormiras
il s'endormira
nous nous endormirons
vous vous endormirez
ils s'endormiront

PAST HISTORIC

je m'endormis
tu t'endormis
il s'endormit
nous nous endormîmes
vous vous endormîtes
ils s'endormirent

PERFECT

je me suis endormi
tu t'es endormi
il s'est endormi
nous ns. sommes endormis
vous vs. êtes endormi(s)
ils se sont endormis

PLUPERFECT

je m'étais endormi
tu t'étais endormi
il s'était endormi
nous ns. étions endormis
vous vs. étiez endormi(s)
ils s'étaient endormis

PAST ANTERIOR

je me fus endormi etc

FUTURE PERFECT

je me serai endormi etc

IMPERATIVE

endors-toi
endormons-nous
endormez-vous

CONDITIONAL

PRESENT

je m'endormirais
tu t'endormirais
il s'endormirait
nous nous endormirions
vous vous endormiriez
ils s'endormiraient

PAST

je me serais endormi
tu te serais endormi
il se serait endormi
nous ns. serions endormis
vous vs. seriez endormi(s)
ils se seraient endormis

SUBJUNCTIVE

PRESENT

je m'endorme
tu t'endormes
il s'endorme
nous nous endormions
vous vous endormiez
ils s'endorment

IMPERFECT

je m'endormisse
tu t'endormisses
il s'endormît
nous nous endormissions
vous vous endormissiez
ils s'endormissent

PERFECT

je me sois endormi
tu te sois endormi
il se soit endormi
nous ns. soyons endormis
vous vs. soyez endormi(s)
ils se soient endormis

INFINITIVE

PRESENT

s'endormir

PAST

s'être endormi

PARTICIPLE

PRESENT

s'endormant

PAST

endormi

S'ENFUIR
to flee

PRESENT

je m'enfuis
tu t'enfuis
il s'enfuit
nous nous enfuyons
vous vous enfuyez
ils s'enfuient

IMPERFECT

je m'enfuyais
tu t'enfuyais
il s'enfuyait
nous nous enfuyions
vous vous enfuyiez
ils s'enfuyaient

FUTURE

je m'enfuirai
tu t'enfuiras
il s'enfuira
nous nous enfuirons
vous vous enfuirez
ils s'enfuiront

PAST HISTORIC

je m'enfuis
tu t'enfuis
il s'enfuit
nous nous enfuîmes
vous vous enfuîtes
ils s'enfuirent

PERFECT

je me suis enfui
tu t'es enfui
il s'est enfui
nous nous sommes enfuis
vous vous êtes enfui(s)
ils se sont enfuis

PLUPERFECT

je m'étais enfui
tu t'étais enfui
il s'était enfui
nous nous étions enfuis
vous vous étiez enfui(s)
ils s'étaient enfuis

PAST ANTERIOR

je me fus enfui etc

FUTURE PERFECT

je me serai enfui etc

IMPERATIVE

enfuis-toi
enfuyons-nous
enfuyez-vous

CONDITIONAL

PRESENT

je m'enfuirais
tu t'enfuirais
il s'enfuirait
nous nous enfuirions
vous vous enfuiriez
ils s'enfuiraient

PAST

je me serais enfui
tu te serais enfui
il se serait enfui
nous nous serions enfuis
vous vous seriez enfui(s)
ils se seraient enfuis

SUBJUNCTIVE

PRESENT

je m'enfuie
tu t'enfuies
il s'enfuie
nous nous enfuyions
vous vous enfuyiez
ils s'enfuient

IMPERFECT

je m'enfuisse
tu t'enfuisses
il s'enfuît
nous nous enfuissions
vous vous enfuissiez
ils s'enfuissent

PERFECT

je me sois enfui
tu te sois enfui
il se soit enfui
nous nous soyons enfuis
vous vous soyez enfui(s)
ils se soient enfuis

INFINITIVE

PRESENT

s'enfuir

PAST

s'être enfui

PARTICIPLE

PRESENT

s'enfuyant

PAST

enfui

PRESENT

j'ennuie
tu ennuies
il ennuie
nous ennuyons
vous ennuyez
ils ennuient

IMPERFECT

j'ennuyais
tu ennuyais
il ennuyait
nous ennuyions
vous ennuyiez
ils ennuyaient

FUTURE

j'ennuierai
tu ennuieras
il ennuiera
nous ennuierons
vous ennuierez
ils ennuieront

PAST HISTORIC

j'ennuyai
tu ennuyas
il ennuya
nous ennuyâmes
vous ennuyâtes
ils ennuyèrent

PERFECT

j'ai ennuyé
tu as ennuyé
il a ennuyé
nous avons ennuyé
vous avez ennuyé
ils ont ennuyé

PLUPERFECT

j'avais ennuyé
tu avais ennuyé
il avait ennuyé
nous avions ennuyé
vous aviez ennuyé
ils avaient ennuyé

PAST ANTERIOR

j'eus ennuyé etc

FUTURE PERFECT

j'aurai ennuyé etc

IMPERATIVE

ennuie
ennuyons
ennuyez

CONDITIONAL

PRESENT

j'ennuierais
tu ennuierais
il ennuierait
nous ennuierions
vous ennuieriez
ils ennuieraient

PAST

j'aurais ennuyé
tu aurais ennuyé
il aurait ennuyé
nous aurions ennuyé
vous auriez ennuyé
ils auraient ennuyé

SUBJUNCTIVE

PRESENT

j'ennuie
tu ennuies
il ennuie
nous ennuyions
vous ennuyiez
ils ennuient

IMPERFECT

j'ennuyasse
tu ennuyasses
il ennuyât
nous ennuyassions
vous ennuyassiez
ils ennuyassent

PERFECT

j'aie ennuyé
tu aies ennuyé
il ait ennuyé
nous ayons ennuyé
vous ayez ennuyé
ils aient ennuyé

INFINITIVE

PRESENT

ennuyer

PAST

avoir ennuyé

PARTICIPLE

PRESENT

ennuyant

PAST

ennuyé

79 S'ENSUIVRE
to ensue

PRESENT	IMPERFECT	FUTURE
il s'ensuit	il s'ensuivait	il s'ensuivra
ils s'ensuivent	ils s'ensuivaient	ils s'ensuivront

PAST HISTORIC	PERFECT	PLUPERFECT
il s'ensuivit	il s'est ensuivi	il s'était ensuivi
ils s'ensuivirent	ils se sont ensuivis	ils s'étaient ensuivis

PAST ANTERIOR	FUTURE PERFECT
il se fut ensuivi etc	il se sera ensuivi etc

IMPERATIVE	CONDITIONAL	
	PRESENT	PAST
	il s'ensuivrait	il se serait ensuivi
	ils s'ensuivraient	ils se seraient ensuivis

SUBJUNCTIVE
PRESENT	IMPERFECT	PERFECT
il s'ensuive	il s'ensuivît	il se soit ensuivi
ils s'ensuivent	ils s'ensuivissent	ils se soient ensuivis

INFINITIVE	PARTICIPLE
PRESENT	PRESENT
s'ensuivre	
PAST	PAST
s'être ensuivi	ensuivi

ENTENDRE
to hear

PRESENT	IMPERFECT	FUTURE
j'entends	j'entendais	j'entendrai
tu entends	tu entendais	tu entendras
il entend	il entendait	il entendra
nous entendons	nous entendions	nous entendrons
vous entendez	vous entendiez	vous entendrez
ils entendent	ils entendaient	ils entendront

PAST HISTORIC	PERFECT	PLUPERFECT
j'entendis	j'ai entendu	j'avais entendu
tu entendis	tu as entendu	tu avais entendu
il entendit	il a entendu	il avait entendu
nous entendîmes	nous avons entendu	nous avions entendu
vous entendîtes	vous avez entendu	vous aviez entendu
ils entendirent	ils ont entendu	ils avaient entendu

PAST ANTERIOR	FUTURE PERFECT
j'eus entendu etc	j'aurai entendu etc

IMPERATIVE	*CONDITIONAL*	
	PRESENT	PAST
entends	j'entendrais	j'aurais entendu
entendons	tu entendrais	tu aurais entendu
entendez	il entendrait	il aurait entendu
	nous entendrions	nous aurions entendu
	vous entendriez	vous auriez entendu
	ils entendraient	ils auraient entendu

SUBJUNCTIVE

PRESENT	IMPERFECT	PERFECT
j'entende	j'entendisse	j'aie entendu
tu entendes	tu entendisses	tu aies entendu
il entende	il entendît	il ait entendu
nous entendions	nous entendissions	nous ayons entendu
vous entendiez	vous entendissiez	vous ayez entendu
ils entendent	ils entendissent	ils aient entendu

INFINITIVE	*PARTICIPLE*
PRESENT	PRESENT
entendre	entendant
PAST	PAST
avoir entendu	entendu

ENTRER
to enter

PRESENT	IMPERFECT	FUTURE
j'entre	j'entrais	j'entrerai
tu entres	tu entrais	tu entreras
il entre	il entrait	il entrera
nous entrons	nous entrions	nous entrerons
vous entrez	vous entriez	vous entrerez
ils entrent	ils entraient	ils entreront

PAST HISTORIC	PERFECT	PLUPERFECT
j'entrai	je suis entré	j'étais entré
tu entras	tu es entré	tu étais entré
il entra	il est entré	il était entré
nous entrâmes	nous sommes entrés	nous étions entrés
vous entrâtes	vous êtes entré(s)	vous étiez entré(s)
ils entrèrent	ils sont entrés	ils étaient entrés

PAST ANTERIOR	FUTURE PERFECT
je fus entré etc	je serai entré etc

IMPERATIVE	CONDITIONAL	
	PRESENT	PAST
entre	j'entrerais	je serais entré
entrons	tu entrerais	tu serais entré
entrez	il entrerait	il serait entré
	nous entrerions	nous serions entrés
	vous entreriez	vous seriez entré(s)
	ils entreraient	ils seraient entrés

SUBJUNCTIVE

PRESENT	IMPERFECT	PERFECT
j'entre	j'entrasse	je sois entré
tu entres	tu entrasses	tu sois entré
il entre	il entrât	il soit entré
nous entrions	nous entrassions	nous soyons entrés
vous entriez	vous entrassiez	vous soyez entré(s)
ils entrent	ils entrassent	ils soient entrés

INFINITIVE	PARTICIPLE	NOTE
PRESENT	PRESENT	*auxiliary* avoir *when transitive*
entrer	entrant	
PAST	PAST	
être entré	entré	

ENVAHIR
to invade

PRESENT	IMPERFECT	FUTURE
j'envahis	j'envahissais	j'envahirai
tu envahis	tu envahissais	tu envahiras
il envahit	il envahissait	il envahira
nous envahissons	nous envahissions	nous envahirons
vous envahissez	vous envahissiez	vous envahirez
ils envahissent	ils envahissaient	ils envahiront

PAST HISTORIC	PERFECT	PLUPERFECT
j'envahis	j'ai envahi	j'avais envahi
tu envahis	tu as envahi	tu avais envahi
il envahit	il a envahi	il avait envahi
nous envahîmes	nous avons envahi	nous avions envahi
vous envahîtes	vous avez envahi	vous aviez envahi
ils envahirent	ils ont envahi	ils avaient envahi

PAST ANTERIOR	FUTURE PERFECT
j'eus envahi etc	j'aurai envahi etc

IMPERATIVE	CONDITIONAL	
	PRESENT	PAST
envahis	j'envahirais	j'aurais envahi
envahissons	tu envahirais	tu aurais envahi
envahissez	il envahirait	il aurait envahi
	nous envahirions	nous aurions envahi
	vous envahiriez	vous auriez envahi
	ils envahiraient	ils auraient envahi

SUBJUNCTIVE

PRESENT	IMPERFECT	PERFECT
j'envahisse	j'envahisse	j'aie envahi
tu envahisses	tu envahisses	tu aies envahi
il envahisse	il envahît	il ait envahi
nous envahissions	nous envahissions	nous ayons envahi
vous envahissiez	vous envahissiez	vous ayez envahi
ils envahissent	ils envahissent	ils aient envahi

INFINITIVE	PARTICIPLE
PRESENT	PRESENT
envahir	envahissant
PAST	PAST
avoir envahi	envahi

83 ENVOYER
to send

PRESENT	IMPERFECT	FUTURE
j'envoie	j'envoyais	j'enverrai
tu envoies	tu envoyais	tu enverras
il envoie	il envoyait	il enverra
nous envoyons	nous envoyions	nous enverrons
vous envoyez	vous envoyiez	vous enverrez
ils envoient	ils envoyaient	ils enverront

PAST HISTORIC	PERFECT	PLUPERFECT
j'envoyai	j'ai envoyé	j'avais envoyé
tu envoyas	tu as envoyé	tu avais envoyé
il envoya	il a envoyé	il avait envoyé
nous envoyâmes	nous avons envoyé	nous avions envoyé
vous envoyâtes	vous avez envoyé	vous aviez envoyé
ils envoyèrent	ils ont envoyé	ils avaient envoyé

PAST ANTERIOR	FUTURE PERFECT
j'eus envoyé etc	j'aurai envoyé etc

IMPERATIVE	CONDITIONAL	
	PRESENT	PAST
envoie	j'enverrais	j'aurais envoyé
envoyons	tu enverrais	tu aurais envoyé
envoyez	il enverrait	il aurait envoyé
	nous enverrions	nous aurions envoyé
	vous enverriez	vous auriez envoyé
	ils enverraient	ils auraient envoyé

SUBJUNCTIVE

PRESENT	IMPERFECT	PERFECT
j'envoie	j'envoyasse	j'aie envoyé
tu envoies	tu envoyasses	tu aies envoyé
il envoie	il envoyât	il ait envoyé
nous envoyions	nous envoyassions	nous ayons envoyé
vous envoyiez	vous envoyassiez	vous ayez envoyé
ils envoient	ils envoyassent	ils aient envoyé

INFINITIVE	PARTICIPLE
PRESENT	PRESENT
envoyer	envoyant
PAST	PAST
avoir envoyé	envoyé

ESPERER
to hope

84

PRESENT	IMPERFECT	FUTURE
j'espère	j'espérais	j'espérerai
tu espères	tu espérais	tu espéreras
il espère	il espérait	il espérera
nous espérons	nous espérions	nous espérerons
vous espérez	vous espériez	vous espérerez
ils espèrent	ils espéraient	ils espéreront

PAST HISTORIC	PERFECT	PLUPERFECT
j'espérai	j'ai espéré	j'avais espéré
tu espéras	tu as espéré	tu avais espéré
il espéra	il a espéré	il avait espéré
nous espérâmes	nous avons espéré	nous avions espéré
vous espérâtes	vous avez espéré	vous aviez espéré
ils espérèrent	ils ont espéré	ils avaient espéré

PAST ANTERIOR	FUTURE PERFECT
j'eus espéré etc	j'aurai espéré etc

IMPERATIVE	*CONDITIONAL*	
	PRESENT	PAST
espère	j'espérerais	j'aurais espéré
espérons	tu espérerais	tu aurais espéré
espérez	il espérerait	il aurait espéré
	nous espérerions	nous aurions espéré
	vous espéreriez	vous auriez espéré
	ils espéreraient	ils auraient espéré

SUBJUNCTIVE

PRESENT	IMPERFECT	PERFECT
j'espère	j'espérasse	j'aie espéré
tu espères	tu espérasses	tu aies espéré
il espère	il espérât	il ait espéré
nous espérions	nous espérassions	nous ayons espéré
vous espériez	vous espérassiez	vous ayez espéré
ils espèrent	ils espérassent	ils aient espéré

INFINITIVE	*PARTICIPLE*
PRESENT	PRESENT
espérer	espérant
PAST	PAST
avoir espéré	espéré

85   ETRE
to be

PRESENT	IMPERFECT	FUTURE
je suis	j'étais	je serai
tu es	tu étais	tu seras
il est	il était	il sera
nous sommes	nous étions	nous serons
vous êtes	vous étiez	vous serez
ils sont	ils étaient	ils seront

PAST HISTORIC	PERFECT	PLUPERFECT
je fus	j'ai été	j'avais été
tu fus	tu as été	tu avais été
il fut	il a été	il avait été
nous fûmes	nous avons été	nous avions été
vous fûtes	vous avez été	vous aviez été
ils furent	ils ont été	ils avaient été

PAST ANTERIOR	FUTURE PERFECT
j'eus été etc	j'aurai été etc

IMPERATIVE	CONDITIONAL	
	PRESENT	PAST
sois	je serais	j'aurais été
soyons	tu serais	tu aurais été
soyez	il serait	il aurait été
	nous serions	nous aurions été
	vous seriez	vous auriez été
	ils seraient	ils auraient été

SUBJUNCTIVE

PRESENT	IMPERFECT	PERFECT
je sois	je fusse	j'aie été
tu sois	tu fusses	tu aies été
il soit	il fût	il ait été
nous soyons	nous fussions	nous ayons été
vous soyez	vous fussiez	vous ayez été
ils soient	ils fussent	ils aient été

INFINITIVE	PARTICIPLE
PRESENT	PRESENT
être	étant
PAST	PAST
avoir été	été

ETUDIER
to study

PRESENT	**IMPERFECT**	**FUTURE**
j'étudie	j'étudiais	j'étudierai
tu étudies	tu étudiais	tu étudieras
il étudie	il étudiait	il étudiera
nous étudions	nous étudiions	nous étudierons
vous étudiez	vous étudiiez	vous étudierez
ils étudient	ils étudiaient	ils étudieront

PAST HISTORIC	**PERFECT**	**PLUPERFECT**
j'étudiai	j'ai étudié	j'avais étudié
tu étudias	tu as étudié	tu avais étudié
il étudia	il a étudié	il avait étudié
nous étudiâmes	nous avons étudié	nous avions étudié
vous étudiâtes	vous avez étudié	vous aviez étudié
ils étudièrent	ils ont étudié	ils avaient étudié

PAST ANTERIOR	**FUTURE PERFECT**
j'eus étudié etc	j'aurai étudié etc

IMPERATIVE	*CONDITIONAL*	
	PRESENT	**PAST**
étudie	j'étudierais	j'aurais étudié
étudions	tu étudierais	tu aurais étudié
étudiez	il étudierait	il aurait étudié
	nous étudierions	nous aurions étudié
	vous étudieriez	vous auriez étudié
	ils étudieraient	ils auraient étudié

SUBJUNCTIVE		
PRESENT	**IMPERFECT**	**PERFECT**
j'étudie	j'étudiasse	j'aie étudié
tu étudies	tu étudiasses	tu aies étudié
il étudie	il étudiât	il ait étudié
nous étudiions	nous étudiassions	nous ayons étudié
vous étudiiez	vous étudiassiez	vous ayez étudié
ils étudient	ils étudiassent	ils aient étudié

INFINITIVE	*PARTICIPLE*
PRESENT	**PRESENT**
étudier	étudiant
PAST	**PAST**
avoir étudié	étudié

S'ÉVANOUIR
to faint

PRESENT

je m'évanouis
tu t'évanouis
il s'évanouit
nous nous évanouissons
vous vous évanouissez
ils s'évanouissent

IMPERFECT

je m'évanouissais
tu t'évanouissais
il s'évanouissait
nous nous évanouissions
vous vous évanouissiez
ils s'évanouissaient

FUTURE

je m'évanouirai
tu t'évanouiras
il s'évanouira
nous nous évanouirons
vous vous évanouirez
ils s'évanouiront

PAST HISTORIC

je m'évanouis
tu t'évanouis
il s'évanouit
nous nous évanouîmes
vous vous évanouîtes
ils s'évanouirent

PERFECT

je me suis évanoui
tu t'es évanoui
il s'est évanoui
nous ns. sommes évanouis
vous vs. êtes évanoui(s)
ils se sont évanouis

PLUPERFECT

je m'étais évanoui
tu t'étais évanoui
il s'était évanoui
nous nous étions évanouis
vous vous étiez évanoui(s)
ils s'étaient évanouis

PAST ANTERIOR

je me fus évanoui etc

FUTURE PERFECT

je me serai évanoui etc

IMPERATIVE

évanouis-toi
évanouissons-nous
évanouissez-vous

CONDITIONAL

PRESENT

je m'évanouirais
tu t'évanouirais
il s'évanouirait
nous nous évanouirions
vous vous évanouiriez
ils s'évanouiraient

PAST

je me serais évanoui
tu te serais évanoui
il se serait évanoui
nous nous serions évanouis
vous vous seriez évanoui(s)
ils se seraient évanouis

SUBJUNCTIVE

PRESENT

je m'évanouisse
tu t'évanouisses
il s'évanouisse
nous nous évanouissions
vous vous évanouissiez
ils s'évanouissent

IMPERFECT

je m'évanouisse
tu t'évanouisses
il s'évanouît
nous nous évanouissions
vous vous évanouissiez
ils s'évanouissent

PERFECT

je me sois évanoui
tu te sois évanoui
il se soit évanoui
nous nous soyons évanouis
vous vous soyez évanoui(s)
ils se soient évanouis

INFINITIVE

PRESENT

s'évanouir

PAST

s'être évanoui

PARTICIPLE

PRESENT

s'évanouissant

PAST

évanoui

EXECRER
to abhor

88

PRESENT	IMPERFECT	FUTURE
j'exècre	j'exécrais	j'exécrerai
tu exècres	tu exécrais	tu exécreras
il exècre	il exécrait	il exécrera
nous exécrons	nous exécrions	nous exécrerons
vous exécrez	vous exécriez	vous exécrerez
ils exècrent	ils exécraient	ils exécreront

PAST HISTORIC	PERFECT	PLUPERFECT
j'exécrai	j'ai exécré	j'avais exécré
tu exécras	tu as exécré	tu avais exécré
il exécra	il a exécré	il avait exécré
nous exécrâmes	nous avons exécré	nous avions exécré
vous exécrâtes	vous avez exécré	vous aviez exécré
ils exécrèrent	ils ont exécré	ils avaient exécré

PAST ANTERIOR	FUTURE PERFECT
j'eus exécré etc	j'aurai exécré etc

IMPERATIVE	CONDITIONAL	
	PRESENT	PAST
exècre	j'exécrerais	j'aurais exécré
exécrons	tu exécrerais	tu aurais exécré
exécrez	il exécrerait	il aurait exécré
	nous exécrerions	nous aurions exécré
	vous exécreriez	vous auriez exécré
	ils exécreraient	ils auraient exécré

SUBJUNCTIVE

PRESENT	IMPERFECT	PERFECT
j'exècre	j'exécrasse	j'aie exécré
tu exècres	tu exécrasses	tu aies exécré
il exècre	il exécrât	il ait exécré
nous exécrions	nous exécrassions	nous ayons exécré
vous exécriez	vous exécrassiez	vous ayez exécré
ils exècrent	ils exécrassent	ils aient exécré

INFINITIVE	PARTICIPLE
PRESENT	PRESENT
exécrer	exécrant
PAST	PAST
avoir exécré	exécré

FAILLIR
to fail, to nearly (do something)

PRESENT	IMPERFECT	FUTURE
		je faillirai
		tu failliras
		il faillira
		nous faillirons
		vous faillirez
		ils failliront

PAST HISTORIC	PERFECT	PLUPERFECT
je faillis	j'ai failli	j'avais failli
tu faillis	tu as failli	tu avais failli
il faillit	il a failli	il avait failli
nous faillîmes	nous avons failli	nous avions failli
vous faillîtes	vous avez failli	vous aviez failli
ils faillirent	ils ont failli	ils avaient failli

PAST ANTERIOR	FUTURE PERFECT
j'eus failli etc	j'aurai failli etc

IMPERATIVE	CONDITIONAL	
	PRESENT	PAST
	je faillirais	j'aurais failli
	tu faillirais	tu aurais failli
	il faillirait	il aurait failli
	nous faillirions	nous aurions failli
	vous failliriez	vous auriez failli
	ils failliraient	ils auraient failli

SUBJUNCTIVE		
PRESENT	IMPERFECT	PERFECT
		j'aie failli
		tu aies failli
		il ait failli
		nous ayons failli
		vous ayez failli
		ils aient failli

INFINITIVE	PARTICIPLE	NOTE
PRESENT	PRESENT	j'ai failli = *I nearly fell;*
faillir		*follows model of* FINIR
		(92) *when it means 'to go*
PAST	PAST	*bankrupt'*
avoir failli	failli	

to do, to make

PRESENT	**IMPERFECT**	**FUTURE**
je fais	je faisais	je ferai
tu fais	tu faisais	tu feras
il fait	il faisait	il fera
nous faisons	nous faisions	nous ferons
vous faites	vous faisiez	vous ferez
ils font	ils faisaient	ils feront

PAST HISTORIC	**PERFECT**	**PLUPERFECT**
je fis	j'ai fait	j'avais fait
tu fis	tu as fait	tu avais fait
il fit	il a fait	il avait fait
nous fîmes	nous avons fait	nous avions fait
vous fîtes	vous avez fait	vous aviez fait
ils firent	ils ont fait	ils avaient fait

PAST ANTERIOR	**FUTURE PERFECT**
j'eus fait etc	j'aurai fait etc

IMPERATIVE	*CONDITIONAL*	
	PRESENT	**PAST**
fais	je ferais	j'aurais fait
faisons	tu ferais	tu aurais fait
faites	il ferait	il aurait fait
	nous ferions	nous aurions fait
	vous feriez	vous auriez fait
	ils feraient	ils auraient fait

SUBJUNCTIVE

PRESENT	**IMPERFECT**	**PERFECT**
je fasse	je fisse	j'aie fait
tu fasses	tu fisses	tu aies fait
il fasse	il fît	il ait fait
nous fassions	nous fissions	nous ayons fait
vous fassiez	vous fissiez	vous ayez fait
ils fassent	ils fissent	ils aient fait

INFINITIVE	*PARTICIPLE*
PRESENT	**PRESENT**
faire	faisant
PAST	**PAST**
avoir fait	fait

FALLOIR
to be necessary

PRESENT	IMPERFECT	FUTURE
il faut	il fallait	il faudra

PAST HISTORIC	PERFECT	PLUPERFECT
il fallut	il a fallu	il avait fallu

PAST ANTERIOR	FUTURE PERFECT
il eut fallu	il aura fallu

IMPERATIVE	*CONDITIONAL*	
	PRESENT	PAST
	il faudrait	il aurait fallu

SUBJUNCTIVE

PRESENT	IMPERFECT	PERFECT
il faille	il fallût	il ait fallu

INFINITIVE	*PARTICIPLE*
PRESENT	PRESENT
falloir	
PAST	PAST
avoir fallu	fallu

FINIR
to finish

PRESENT	IMPERFECT	FUTURE
je finis	je finissais	je finirai
tu finis	tu finissais	tu finiras
il finit	il finissait	il finira
nous finissons	nous finissions	nous finirons
vous finissez	vous finissiez	vous finirez
ils finissent	ils finissaient	ils finiront

PAST HISTORIC	PERFECT	PLUPERFECT
je finis	j'ai fini	j'avais fini
tu finis	tu as fini	tu avais fini
il finit	il a fini	il avait fini
nous finîmes	nous avons fini	nous avions fini
vous finîtes	vous avez fini	vous aviez fini
ils finirent	ils ont fini	ils avaient fini

PAST ANTERIOR	FUTURE PERFECT
j'eus fini etc	j'aurai fini etc

IMPERATIVE	*CONDITIONAL*	
	PRESENT	**PAST**
finis	je finirais	j'aurais fini
finissons	tu finirais	tu aurais fini
finissez	il finirait	il aurait fini
	nous finirions	nous aurions fini
	vous finiriez	vous auriez fini
	ils finiraient	ils auraient fini

SUBJUNCTIVE		
PRESENT	IMPERFECT	PERFECT
je finisse	je finisse	j'aie fini
tu finisses	tu finisses	tu aies fini
il finisse	il finît	il ait fini
nous finissions	nous finissions	nous ayons fini
vous finissiez	vous finissiez	vous ayez fini
ils finissent	ils finissent	ils aient fini

INFINITIVE	*PARTICIPLE*
PRESENT	PRESENT
finir	finissant
PAST	PAST
avoir fini	fini

FOUILLER
to search

PRESENT	IMPERFECT	FUTURE
je fouille	je fouillais	je fouillerai
tu fouilles	tu fouillais	tu fouilleras
il fouille	il fouillait	il fouillera
nous fouillons	nous fouillions	nous fouillerons
vous fouillez	vous fouilliez	vous fouillerez
ils fouillent	ils fouillaient	ils fouilleront

PAST HISTORIC	PERFECT	PLUPERFECT
je fouillai	j'ai fouillé	j'avais fouillé
tu fouillas	tu as fouillé	tu avais fouillé
il fouilla	il a fouillé	il avait fouillé
nous fouillâmes	nous avons fouillé	nous avions fouillé
vous fouillâtes	vous avez fouillé	vous aviez fouillé
ils fouillèrent	ils ont fouillé	ils avaient fouillé

PAST ANTERIOR	FUTURE PERFECT
j'eus fouillé etc	j'aurai fouillé etc

IMPERATIVE	CONDITIONAL	
	PRESENT	PAST
fouille	je fouillerais	j'aurais fouillé
fouillons	tu fouillerais	tu aurais fouillé
fouillez	il fouillerait	il aurait fouillé
	nous fouillerions	nous aurions fouillé
	vous fouilleriez	vous auriez fouillé
	ils fouilleraient	ils auraient fouillé

SUBJUNCTIVE

PRESENT	IMPERFECT	PERFECT
je fouille	je fouillasse	j'aie fouillé
tu fouilles	tu fouillasses	tu aies fouillé
il fouille	il fouillât	il ait fouillé
nous fouillions	nous fouillassions	nous ayons fouillé
vous fouilliez	vous fouillassiez	vous ayez fouillé
ils fouillent	ils fouillassent	ils aient fouillé

INFINITIVE	PARTICIPLE
PRESENT	PRESENT
fouiller	fouillant
PAST	PAST
avoir fouillé	fouillé

FOUTRE
to put, to do (*colloquial*)

94

PRESENT	IMPERFECT	FUTURE
je fous	je foutais	je foutrai
tu fous	tu foutais	tu foutras
il fout	il foutait	il foutra
nous foutons	nous foutions	nous foutrons
vous foutez	vous foutiez	vous foutrez
ils foutent	ils foutaient	ils foutront

PAST HISTORIC	PERFECT	PLUPERFECT
	j'ai foutu	j'avais foutu
	tu as foutu	tu avais foutu
	il a foutu	il avait foutu
	nous avons foutu	nous avions foutu
	vous avez foutu	vous aviez foutu
	ils ont foutu	ils avaient foutu

PAST ANTERIOR	FUTURE PERFECT
j'eus foutu etc	j'aurai foutu etc

IMPERATIVE	*CONDITIONAL*	
	PRESENT	PAST
fous	je foutrais	j'aurais foutu
foutons	tu foutrais	tu aurais foutu
foutez	il foutrait	il aurait foutu
	nous foutrions	nous aurions foutu
	vous foutriez	vous auriez foutu
	ils foutraient	ils auraient foutu

SUBJUNCTIVE

PRESENT	IMPERFECT	PERFECT
je foute		j'aie foutu
tu foutes		tu aies foutu
il foute		il ait foutu
nous foutions		nous ayons foutu
vous foutiez		vous ayez foutu
ils foutent		ils aient foutu

INFINITIVE	*PARTICIPLE*
PRESENT	PRESENT
foutre	foutant
PAST	PAST
avoir foutu	foutu

95 **FRIRE**
to fry

PRESENT	IMPERFECT	FUTURE
je fris		
tu fris		
il frit		

PAST HISTORIC	PERFECT	PLUPERFECT
	j'ai frit	j'avais frit
	tu as frit	tu avais frit
	il a frit	il avait frit
	nous avons frit	nous avions frit
	vous avez frit	vous aviez frit
	ils ont frit	ils avaient frit

PAST ANTERIOR	FUTURE PERFECT	
j'eus frit etc	j'aurai frit etc	

IMPERATIVE	CONDITIONAL	
	PRESENT	PAST
fris		j'aurais frit
		tu aurais frit
		il aurait frit
		nous aurions frit
		vous auriez frit
		ils auraient frit

SUBJUNCTIVE		
PRESENT	IMPERFECT	PERFECT
		j'aie frit
		tu aies frit
		il ait frit
		nous ayons frit
		vous ayez frit
		ils aient frit

INFINITIVE	PARTICIPLE	NOTE
PRESENT	PRESENT	
frire		
PAST	PAST	
avoir frit	frit	

FUIR
to flee

PRESENT	**IMPERFECT**	**FUTURE**
je fuis	je fuyais	je fuirai
tu fuis	tu fuyais	tu fuiras
il fuit	il fuyait	il fuira
nous fuyons	nous fuyions	nous fuirons
vous fuyez	vous fuyiez	vous fuirez
ils fuient	ils fuyaient	ils fuiront

PAST HISTORIC	**PERFECT**	**PLUPERFECT**
je fuis	j'ai fui	j'avais fui
tu fuis	tu as fui	tu avais fui
il fuit	il a fui	il avait fui
nous fuîmes	nous avons fui	nous avions fui
vous fuîtes	vous avez fui	vous aviez fui
ils fuirent	ils ont fui	ils avaient fui

PAST ANTERIOR	**FUTURE PERFECT**
j'eus fui etc	j'aurai fui etc

IMPERATIVE	*CONDITIONAL*	
	PRESENT	**PAST**
fuis	je fuirais	j'aurais fui
fuyons	tu fuirais	tu aurais fui
fuyez	il fuirait	il aurait fui
	nous fuirions	nous aurions fui
	vous fuiriez	vous auriez fui
	ils fuiraient	ils auraient fui

SUBJUNCTIVE

PRESENT	**IMPERFECT**	**PERFECT**
je fuie	je fuisse	j'aie fui
tu fuies	tu fuisses	tu aies fui
il fuie	il fuît	il ait fui
nous fuyions	nous fuissions	nous ayons fui
vous fuyiez	vous fuissiez	vous ayez fui
ils fuient	ils fuissent	ils aient fui

INFINITIVE	*PARTICIPLE*
PRESENT	**PRESENT**
fuir	fuyant
PAST	**PAST**
avoir fui	fui

GAGNER
to win

PRESENT	IMPERFECT	FUTURE
je gagne	je gagnais	je gagnerai
tu gagnes	tu gagnais	tu gagneras
il gagne	il gagnait	il gagnera
nous gagnons	nous gagnions	nous gagnerons
vous gagnez	vous gagniez	vous gagnerez
ils gagnent	ils gagnaient	ils gagneront

PAST HISTORIC	PERFECT	PLUPERFECT
je gagnai	j'ai gagné	j'avais gagné
tu gagnas	tu as gagné	tu avais gagné
il gagna	il a gagné	il avait gagné
nous gagnâmes	nous avons gagné	nous avions gagné
vous gagnâtes	vous avez gagné	vous aviez gagné
ils gagnèrent	ils ont gagné	ils avaient gagné

PAST ANTERIOR	FUTURE PERFECT
j'eus gagné etc	j'aurai gagné etc

IMPERATIVE	*CONDITIONAL*	
	PRESENT	PAST
gagne	je gagnerais	j'aurais gagné
gagnons	tu gagnerais	tu aurais gagné
gagnez	il gagnerait	il aurait gagné
	nous gagnerions	nous aurions gagné
	vous gagneriez	vous auriez gagné
	ils gagneraient	ils auraient gagné

SUBJUNCTIVE		
PRESENT	IMPERFECT	PERFECT
je gagne	je gagnasse	j'aie gagné
tu gagnes	tu gagnasses	tu aies gagné
il gagne	il gagnât	il ait gagné
nous gagnions	nous gagnassions	nous ayons gagné
vous gagniez	vous gagnassiez	vous ayez gagné
ils gagnent	ils gagnassent	ils aient gagné

INFINITIVE	*PARTICIPLE*
PRESENT	PRESENT
gagner	gagnant
PAST	PAST
avoir gagné	gagné

to be lying

PRESENT	IMPERFECT	FUTURE
je gis	je gisais	
tu gis	tu gisais	
il gît	il gisait	
nous gisons	nous gisions	
vous gisez	vous gisiez	
ils gisent	ils gisaient	

PAST HISTORIC	PERFECT	PLUPERFECT

PAST ANTERIOR	FUTURE PERFECT

IMPERATIVE	*CONDITIONAL*	
	PRESENT	PAST

SUBJUNCTIVE		
PRESENT	IMPERFECT	PERFECT

INFINITIVE	*PARTICIPLE*
PRESENT	PRESENT
gésir	gisant
PAST	PAST

HAÏR
to hate

PRESENT	IMPERFECT	FUTURE
je hais	je haïssais	je haïrai
tu hais	tu haïssais	tu haïras
il hait	il haïssait	il haïra
nous haïssons	nous haïssions	nous haïrons
vous haïssez	vous haïssiez	vous haïrez
ils haïssent	ils haïssaient	ils haïront

PAST HISTORIC	PERFECT	PLUPERFECT
je haïs	j'ai haï	j'avais haï
tu haïs	tu as haï	tu avais haï
il haït	il a haï	il avait haï
nous haïmes	nous avons haï	nous avions haï
vous haïtes	vous avez haï	vous aviez haï
ils haïrent	ils ont haï	ils avaient haï

PAST ANTERIOR	FUTURE PERFECT
j'eus haï etc	j'aurai haï etc

IMPERATIVE	CONDITIONAL	
	PRESENT	PAST
hais	je haïrais	j'aurais haï
haïssons	tu haïrais	tu aurais haï
haïssez	il haïrait	il aurait haï
	nous haïrions	nous aurions haï
	vous haïriez	vous auriez haï
	ils haïraient	ils auraient haï

SUBJUNCTIVE		
PRESENT	IMPERFECT	PERFECT
je haïsse	je haïsse	j'aie haï
tu haïsses	tu haïsses	tu aies haï
il haïsse	il haït	il ait haï
nous haïssions	nous haïssions	nous ayons haï
vous haïssiez	vous haïssiez	vous ayez haï
ils haïssent	ils haïssent	ils aient haï

INFINITIVE	PARTICIPLE
PRESENT	PRESENT
haïr	haïssant
PAST	PAST
avoir haï	haï

PRESENT	**IMPERFECT**	**FUTURE**
j'hésite	j'hésitais	j'hésiterai
tu hésites	tu hésitais	tu hésiteras
il hésite	il hésitait	il hésitera
nous hésitons	nous hésitions	nous hésiterons
vous hésitez	vous hésitiez	vous hésiterez
ils hésitent	ils hésitaient	ils hésiteront

PAST HISTORIC	**PERFECT**	**PLUPERFECT**
j'hésitai	j'ai hésité	j'avais hésité
tu hésitas	tu as hésité	tu avais hésité
il hésita	il a hésité	il avait hésité
nous hésitâmes	nous avons hésité	nous avions hésité
vous hésitâtes	vous avez hésité	vous aviez hésité
ils hésitèrent	ils ont hésité	ils avaient hésité

PAST ANTERIOR	**FUTURE PERFECT**
j'eus hésité etc	j'aurai hésité etc

IMPERATIVE	*CONDITIONAL*	
	PRESENT	**PAST**
hésite	j'hésiterais	j'aurais hésité
hésitons	tu hésiterais	tu aurais hésité
hésitez	il hésiterait	il aurait hésité
	nous hésiterions	nous aurions hésité
	vous hésiteriez	vous auriez hésité
	ils hésiteraient	ils auraient hésité

SUBJUNCTIVE		
PRESENT	**IMPERFECT**	**PERFECT**
j'hésite	j'hésitasse	j'aie hésité
tu hésites	tu hésitasses	tu aies hésité
il hésite	il hésitât	il ait hésité
nous hésitions	nous hésitassions	nous ayons hésité
vous hésitiez	vous hésitassiez	vous ayez hésité
ils hésitent	ils hésitassent	ils aient hésité

INFINITIVE	*PARTICIPLE*
PRESENT	**PRESENT**
hésiter	hésitant
PAST	**PAST**
avoir hésité	hésité

HURLER
to yell

PRESENT	IMPERFECT	FUTURE
je hurle	je hurlais	je hurlerai
tu hurles	tu hurlais	tu hurleras
il hurle	il hurlait	il hurlera
nous hurlons	nous hurlions	nous hurlerons
vous hurlez	vous hurliez	vous hurlerez
ils hurlent	ils hurlaient	ils hurleront

PAST HISTORIC	PERFECT	PLUPERFECT
je hurlai	j'ai hurlé	j'avais hurlé
tu hurlas	tu as hurlé	tu avais hurlé
il hurla	il a hurlé	il avait hurlé
nous hurlâmes	nous avons hurlé	nous avions hurlé
vous hurlâtes	vous avez hurlé	vous aviez hurlé
ils hurlèrent	ils ont hurlé	ils avaient hurlé

PAST ANTERIOR	FUTURE PERFECT
j'eus hurlé etc	j'aurai hurlé etc

IMPERATIVE	CONDITIONAL	
	PRESENT	PAST
hurle	je hurlerais	j'aurais hurlé
hurlons	tu hurlerais	tu aurais hurlé
hurlez	il hurlerait	il aurait hurlé
	nous hurlerions	nous aurions hurlé
	vous hurleriez	vous auriez hurlé
	ils hurleraient	ils auraient hurlé

SUBJUNCTIVE		
PRESENT	IMPERFECT	PERFECT
je hurle	je hurlasse	j'aie hurlé
tu hurles	tu hurlasses	tu aies hurlé
il hurle	il hurlât	il ait hurlé
nous hurlions	nous hurlassions	nous ayons hurlé
vous hurliez	vous hurlassiez	vous ayez hurlé
ils hurlent	ils hurlassent	ils aient hurlé

INFINITIVE	PARTICIPLE
PRESENT	PRESENT
hurler	hurlant
PAST	PAST
avoir hurlé	hurlé

INCLURE
to include

102

PRESENT	IMPERFECT	FUTURE
j'inclus	j'incluais	j'inclurai
tu inclus	tu incluais	tu incluras
il inclut	il incluait	il inclura
nous incluons	nous incluions	nous inclurons
vous incluez	vous incluiez	vous inclurez
ils incluent	ils incluaient	ils incluront

PAST HISTORIC	PERFECT	PLUPERFECT
j'inclus	j'ai inclus	j'avais inclus
tu inclus	tu as inclus	tu avais inclus
il inclut	il a inclus	il avait inclus
nous inclûmes	nous avons inclus	nous avions inclus
vous inclûtes	vous avez inclus	vous aviez inclus
ils inclurent	ils ont inclus	ils avaient inclus

PAST ANTERIOR	FUTURE PERFECT
j'eus inclus etc	j'aurai inclus etc

IMPERATIVE	*CONDITIONAL*	
	PRESENT	PAST
inclus	j'inclurais	j'aurais inclus
incluons	tu inclurais	tu aurais inclus
incluez	il inclurait	il aurait inclus
	nous inclurions	nous aurions inclus
	vous incluriez	vous auriez inclus
	ils incluraient	ils auraient inclus

SUBJUNCTIVE

PRESENT	IMPERFECT	PERFECT
j'inclue	j'inclusse	j'aie inclus
tu inclues	tu inclusses	tu aies inclus
il inclue	il inclût	il ait inclus
nous incluions	nous inclussions	nous ayons inclus
vous incluiez	vous inclussiez	vous ayez inclus
ils incluent	ils inclussent	ils aient inclus

INFINITIVE	*PARTICIPLE*
PRESENT	PRESENT
inclure	incluant
PAST	PAST
avoir inclus	inclus

INDIQUER
to indicate

PRESENT	IMPERFECT	FUTURE
j'indique	j'indiquais	j'indiquerai
tu indiques	tu indiquais	tu indiqueras
il indique	il indiquait	il indiquera
nous indiquons	nous indiquions	nous indiquerons
vous indiquez	vous indiquiez	vous indiquerez
ils indiquent	ils indiquaient	ils indiqueront

PAST HISTORIC	PERFECT	PLUPERFECT
j'indiquai	j'ai indiqué	j'avais indiqué
tu indiquas	tu as indiqué	tu avais indiqué
il indiqua	il a indiqué	il avait indiqué
nous indiquâmes	nous avons indiqué	nous avions indiqué
vous indiquâtes	vous avez indiqué	vous aviez indiqué
ils indiquèrent	ils ont indiqué	ils avaient indiqué

PAST ANTERIOR	FUTURE PERFECT
j'eus indiqué etc	j'aurai indiqué etc

IMPERATIVE	*CONDITIONAL*	
	PRESENT	PAST
indique	j'indiquerais	j'aurais indiqué
indiquons	tu indiquerais	tu aurais indiqué
indiquez	il indiquerait	il aurait indiqué
	nous indiquerions	nous aurions indiqué
	vous indiqueriez	vous auriez indiqué
	ils indiqueraient	ils auraient indiqué

SUBJUNCTIVE

PRESENT	IMPERFECT	PERFECT
j'indique	j'indiquasse	j'aie indiqué
tu indiques	tu indiquasses	tu aies indiqué
il indique	il indiquât	il ait indiqué
nous indiquions	nous indiquassions	nous ayons indiqué
vous indiquiez	vous indiquassiez	vous ayez indiqué
ils indiquent	ils indiquassent	ils aient indiqué

INFINITIVE	*PARTICIPLE*
PRESENT	PRESENT
indiquer	indiquant
PAST	PAST
avoir indiqué	indiqué

to integrate

PRESENT	IMPERFECT	FUTURE
j'intègre	j'intégrais	j'intégrerai
tu intègres	tu intégrais	tu intégreras
il intègre	il intégrait	il intégrera
nous intégrons	nous intégrions	nous intégrerons
vous intégrez	vous intégriez	vous intégrerez
ils intègrent	ils intégraient	ils intégreront

PAST HISTORIC	PERFECT	PLUPERFECT
j'intégrai	j'ai intégré	j'avais intégré
tu intégras	tu as intégré	tu avais intégré
il intégra	il a intégré	il avait intégré
nous intégrâmes	nous avons intégré	nous avions intégré
vous intégrâtes	vous avez intégré	vous aviez intégré
ils intégrèrent	ils ont intégré	ils avaient intégré

PAST ANTERIOR	FUTURE PERFECT
j'eus intégré etc	j'aurai intégré etc

IMPERATIVE	CONDITIONAL	
	PRESENT	PAST
intègre	j'intégrerais	j'aurais intégré
intégrons	tu intégrerais	tu aurais intégré
intégrez	il intégrerait	il aurait intégré
	nous intégrerions	nous aurions intégré
	vous intégreriez	vous auriez intégré
	ils intégreraient	ils auraient intégré

SUBJUNCTIVE		
PRESENT	IMPERFECT	PERFECT
j'intègre	j'intégrasse	j'aie intégré
tu intègres	tu intégrasses	tu aies intégré
il intègre	il intégrât	il ait intégré
nous intégrions	nous intégrassions	nous ayons intégré
vous intégriez	vous intégrassiez	vous ayez intégré
ils intègrent	ils intégrassent	ils aient intégré

INFINITIVE	PARTICIPLE
PRESENT	PRESENT
intégrer	intégrant
PAST	PAST
avoir intégré	intégré

105 INTERDIRE
to forbid

PRESENT

j'interdis
tu interdis
il interdit
nous interdisons
vous interdisez
ils interdisent

IMPERFECT

j'interdisais
tu interdisais
il interdisait
nous interdisions
vous interdisiez
ils interdisaient

FUTURE

j'interdirai
tu interdiras
il interdira
nous interdirons
vous interdirez
ils interdiront

PAST HISTORIC

j'interdis
tu interdis
il interdit
nous interdîmes
vous interdîtes
ils interdirent

PERFECT

j'ai interdit
tu as interdit
il a interdit
nous avons interdit
vous avez interdit
ils ont interdit

PLUPERFECT

j'avais interdit
tu avais interdit
il avait interdit
nous avions interdit
vous aviez interdit
ils avaient interdit

PAST ANTERIOR

j'eus interdit etc

FUTURE PERFECT

j'aurai interdit etc

IMPERATIVE

interdis
interdisons
interdisez

CONDITIONAL

PRESENT

j'interdirais
tu interdirais
il interdirait
nous interdirions
vous interdiriez
ils interdiraient

PAST

j'aurais interdit
tu aurais interdit
il aurait interdit
nous aurions interdit
vous auriez interdit
ils auraient interdit

SUBJUNCTIVE

PRESENT

j'interdise
tu interdises
il interdise
nous interdisions
vous interdisiez
ils interdisent

IMPERFECT

j'interdisse
tu interdisses
il interdît
nous interdissions
vous interdissiez
ils interdissent

PERFECT

j'aie interdit
tu aies interdit
il ait interdit
nous ayons interdit
vous ayez interdit
ils aient interdit

INFINITIVE

PRESENT

interdire

PAST

avoir interdit

PARTICIPLE

PRESENT

interdisant

PAST

interdit

NOTE

INTERPELLER
to call out to

PRESENT	**IMPERFECT**	**FUTURE**
j'interpelle	j'interpellais	j'interpellerai
tu interpelles	tu interpellais	tu interpelleras
il interpelle	il interpellait	il interpellera
nous interpellons	nous interpellions	nous interpellerons
vous interpellez	vous interpelliez	vous interpellerez
ils interpellent	ils interpellaient	ils interpelleront

PAST HISTORIC	**PERFECT**	**PLUPERFECT**
j'interpellai	j'ai interpellé	j'avais interpellé
tu interpellas	tu as interpellé	tu avais interpellé
il interpella	il a interpellé	il avait interpellé
nous interpellâmes	nous avons interpellé	nous avions interpellé
vous interpellâtes	vous avez interpellé	vous aviez interpellé
ils interpellèrent	ils ont interpellé	ils avaient interpellé

PAST ANTERIOR	**FUTURE PERFECT**
j'eus interpellé etc	j'aurai interpellé etc

IMPERATIVE	*CONDITIONAL*	
	PRESENT	**PAST**
interpelle	j'interpellerais	j'aurais interpellé
interpellons	tu interpellerais	tu aurais interpellé
interpellez	il interpellerait	il aurait interpellé
	nous interpellerions	nous aurions interpellé
	vous interpelleriez	vous auriez interpellé
	ils interpelleraient	ils auraient interpellé

SUBJUNCTIVE		
PRESENT	**IMPERFECT**	**PERFECT**
j'interpelle	j'interpellasse	j'aie interpellé
tu interpelles	tu interpellasses	tu aies interpellé
il interpelle	il interpellât	il ait interpellé
nous interpellions	nous interpellassions	nous ayons interpellé
vous interpelliez	vous interpellassiez	vous ayez interpellé
ils interpellent	ils interpellassent	ils aient interpellé

INFINITIVE	*PARTICIPLE*
PRESENT	**PRESENT**
interpeller	interpellant
PAST	**PAST**
avoir interpellé	interpellé

INTRODUIRE
to introduce

PRESENT	IMPERFECT	FUTURE
j'introduis	j'introduisais	j'introduirai
tu introduis	tu introduisais	tu introduiras
il introduit	il introduisait	il introduira
nous introduisons	nous introduisions	nous introduirons
vous introduisez	vous introduisiez	vous introduirez
ils introduisent	ils introduisaient	ils introduiront

PAST HISTORIC	PERFECT	PLUPERFECT
j'introduisis	j'ai introduit	j'avais introduit
tu introduisis	tu as introduit	tu avais introduit
il introduisit	il a introduit	il avait introduit
nous introduisîmes	nous avons introduit	nous avions introduit
vous introduisîtes	vous avez introduit	vous aviez introduit
ils introduisirent	ils ont introduit	ils avaient introduit

PAST ANTERIOR	FUTURE PERFECT
j'eus introduit etc	j'aurai introduit etc

IMPERATIVE	*CONDITIONAL*	
	PRESENT	PAST
introduis	j'introduirais	j'aurais introduit
introduisons	tu introduirais	tu aurais introduit
introduisez	il introduirait	il aurait introduit
	nous introduirions	nous aurions introduit
	vous introduiriez	vous auriez introduit
	ils introduiraient	ils auraient introduit

SUBJUNCTIVE		
PRESENT	IMPERFECT	PERFECT
j'introduise	j'introduisisse	j'aie introduit
tu introduises	tu introduisisses	tu aies introduit
il introduise	il introduisît	il ait introduit
nous introduisions	nous introduisissions	nous ayons introduit
vous introduisiez	vous introduisissiez	vous ayez introduit
ils introduisent	ils introduisissent	ils aient introduit

INFINITIVE	*PARTICIPLE*
PRESENT	PRESENT
introduire	introduisant
PAST	PAST
avoir introduit	introduit

JETER
to throw (away)

PRESENT	IMPERFECT	FUTURE
je jette	je jetais	je jetterai
tu jettes	tu jetais	tu jetteras
il jette	il jetait	il jettera
nous jetons	nous jetions	nous jetterons
vous jetez	vous jetiez	vous jetterez
ils jettent	ils jetaient	ils jetteront

PAST HISTORIC	PERFECT	PLUPERFECT
je jetai	j'ai jeté	j'avais jeté
tu jetas	tu as jeté	tu avais jeté
il jeta	il a jeté	il avait jeté
nous jetâmes	nous avons jeté	nous avions jeté
vous jetâtes	vous avez jeté	vous aviez jeté
ils jetèrent	ils ont jeté	ils avaient jeté

PAST ANTERIOR	FUTURE PERFECT
j'eus jeté etc	j'aurai jeté etc

IMPERATIVE	*CONDITIONAL*	
	PRESENT	PAST
jette	je jetterais	j'aurais jeté
jetons	tu jetterais	tu aurais jeté
jetez	il jetterait	il aurait jeté
	nous jetterions	nous aurions jeté
	vous jetteriez	vous auriez jeté
	ils jetteraient	ils auraient jeté

SUBJUNCTIVE

PRESENT	IMPERFECT	PERFECT
je jette	je jetasse	j'aie jeté
tu jettes	tu jetasses	tu aies jeté
il jette	il jetât	il ait jeté
nous jetions	nous jetassions	nous ayons jeté
vous jetiez	vous jetassiez	vous ayez jeté
ils jettent	ils jetassent	ils aient jeté

INFINITIVE	*PARTICIPLE*
PRESENT	PRESENT
jeter	jetant
PAST	PAST
avoir jeté	jeté

JOINDRE
to join

PRESENT	IMPERFECT	FUTURE
je joins	je joignais	je joindrai
tu joins	tu joignais	tu joindras
il joint	il joignait	il joindra
nous joignons	nous joignions	nous joindrons
vous joignez	vous joigniez	vous joindrez
ils joignent	ils joignaient	ils joindront

PAST HISTORIC	PERFECT	PLUPERFECT
je joignis	j'ai joint	j'avais joint
tu joignis	tu as joint	tu avais joint
il joignit	il a joint	il avait joint
nous joignîmes	nous avons joint	nous avions joint
vous joignîtes	vous avez joint	vous aviez joint
ils joignirent	ils ont joint	ils avaient joint

PAST ANTERIOR	FUTURE PERFECT
j'eus joint etc	j'aurai joint etc

IMPERATIVE	*CONDITIONAL*	
	PRESENT	**PAST**
joins	je joindrais	j'aurais joint
joignons	tu joindrais	tu aurais joint
joignez	il joindrait	il aurait joint
	nous joindrions	nous aurions joint
	vous joindriez	vous auriez joint
	ils joindraient	ils auraient joint

SUBJUNCTIVE

PRESENT	IMPERFECT	PERFECT
je joigne	je joignisse	j'aie joint
tu joignes	tu joignisses	tu aies joint
il joigne	il joignît	il ait joint
nous joignions	nous joignissions	nous ayons joint
vous joigniez	vous joignissiez	vous ayez joint
ils joignent	ils joignissent	ils aient joint

INFINITIVE	*PARTICIPLE*	*NOTE*
PRESENT	**PRESENT**	oindre: *only infinitive and past participle are used*
joindre	joignant	
PAST	**PAST**	
avoir joint	joint	

JOUER
to play

JOUER
to play

110

PRESENT	IMPERFECT	FUTURE
je joue	je jouais	je jouerai
tu joues	tu jouais	tu joueras
il joue	il jouait	il jouera
nous jouons	nous jouions	nous jouerons
vous jouez	vous jouiez	vous jouerez
ils jouent	ils jouaient	ils joueront

PAST HISTORIC	PERFECT	PLUPERFECT
je jouai	j'ai joué	j'avais joué
tu jouas	tu as joué	tu avais joué
il joua	il a joué	il avait joué
nous jouâmes	nous avons joué	nous avions joué
vous jouâtes	vous avez joué	vous aviez joué
ils jouèrent	ils ont joué	ils avaient joué

PAST ANTERIOR	FUTURE PERFECT
j'eus joué etc	j'aurai joué etc

IMPERATIVE	CONDITIONAL	
	PRESENT	PAST
joue	je jouerais	j'aurais joué
jouons	tu jouerais	tu aurais joué
jouez	il jouerait	il aurait joué
	nous jouerions	nous aurions joué
	vous joueriez	vous auriez joué
	ils joueraient	ils auraient joué

SUBJUNCTIVE

PRESENT	IMPERFECT	PERFECT
je joue	je jouasse	j'aie joué
tu joues	tu jouasses	tu aies joué
il joue	il jouât	il ait joué
nous jouions	nous jouassions	nous ayons joué
vous jouiez	vous jouassiez	vous ayez joué
ils jouent	ils jouassent	ils aient joué

INFINITIVE	PARTICIPLE
PRESENT	PRESENT
jouer	jouant
PAST	PAST
avoir joué	joué

JUGER
to judge

PRESENT	IMPERFECT	FUTURE
je juge	je jugeais	je jugerai
tu juges	tu jugeais	tu jugeras
il juge	il jugeait	il jugera
nous jugeons	nous jugions	nous jugerons
vous jugez	vous jugiez	vous jugerez
ils jugent	ils jugeaient	ils jugeront

PAST HISTORIC	PERFECT	PLUPERFECT
je jugeai	j'ai jugé	j'avais jugé
tu jugeas	tu as jugé	tu avais jugé
il jugea	il a jugé	il avait jugé
nous jugeâmes	nous avons jugé	nous avions jugé
vous jugeâtes	vous avez jugé	vous aviez jugé
ils jugèrent	ils ont jugé	ils avaient jugé

PAST ANTERIOR	FUTURE PERFECT
j'eus jugé etc	j'aurai jugé etc

IMPERATIVE	*CONDITIONAL*	
	PRESENT	PAST
juge	je jugerais	j'aurais jugé
jugeons	tu jugerais	tu aurais jugé
jugez	il jugerait	il aurait jugé
	nous jugerions	nous aurions jugé
	vous jugeriez	vous auriez jugé
	ils jugeraient	ils auraient jugé

SUBJUNCTIVE

PRESENT	IMPERFECT	PERFECT
je juge	je jugeasse	j'aie jugé
tu juges	tu jugeasses	tu aies jugé
il juge	il jugeât	il ait jugé
nous jugions	nous jugeassions	nous ayons jugé
vous jugiez	vous jugeassiez	vous ayez jugé
ils jugent	ils jugeassent	ils aient jugé

INFINITIVE	*PARTICIPLE*
PRESENT	PRESENT
juger	jugeant
PAST	PAST
avoir jugé	jugé

to throw

PRESENT	IMPERFECT	FUTURE
je lance	je lançais	je lancerai
tu lances	tu lançais	tu lanceras
il lance	il lançait	il lancera
nous lançons	nous lancions	nous lancerons
vous lancez	vous lanciez	vous lancerez
ils lancent	ils lançaient	ils lanceront

PAST HISTORIC	PERFECT	PLUPERFECT
je lançai	j'ai lancé	j'avais lancé
tu lanças	tu as lancé	tu avais lancé
il lança	il a lancé	il avait lancé
nous lançâmes	nous avons lancé	nous avions lancé
vous lançâtes	vous avez lancé	vous aviez lancé
ils lancèrent	ils ont lancé	ils avaient lancé

PAST ANTERIOR	FUTURE PERFECT
j'eus lancé etc	j'aurai lancé etc

IMPERATIVE	CONDITIONAL	
	PRESENT	PAST
lance	je lancerais	j'aurais lancé
lançons	tu lancerais	tu aurais lancé
lancez	il lancerait	il aurait lancé
	nous lancerions	nous aurions lancé
	vous lanceriez	vous auriez lancé
	ils lanceraient	ils auraient lancé

SUBJUNCTIVE		
PRESENT	IMPERFECT	PERFECT
je lance	je lançasse	j'aie lancé
tu lances	tu lançasses	tu aies lancé
il lance	il lançât	il ait lancé
nous lancions	nous lançassions	nous ayons lancé
vous lanciez	vous lançassiez	vous ayez lancé
ils lancent	ils lançassent	ils aient lancé

INFINITIVE	PARTICIPLE
PRESENT	PRESENT
lancer	lançant
PAST	PAST
avoir lancé	lancé

LEGUER
to bequeath

PRESENT	IMPERFECT	FUTURE
je lègue	je léguais	je léguerai
tu lègues	tu léguais	tu légueras
il lègue	il léguait	il léguera
nous léguons	nous léguions	nous léguerons
vous léguez	vous léguiez	vous léguerez
ils lèguent	ils léguaient	ils légueront

PAST HISTORIC	PERFECT	PLUPERFECT
je léguai	j'ai légué	j'avais légué
tu léguas	tu as légué	tu avais légué
il légua	il a légué	il avait légué
nous léguâmes	nous avons légué	nous avions légué
vous léguâtes	vous avez légué	vous aviez légué
ils léguèrent	ils ont légué	ils avaient légué

PAST ANTERIOR	FUTURE PERFECT
j'eus légué etc	j'aurai légué etc

IMPERATIVE	CONDITIONAL	
	PRESENT	PAST
lègue	je léguerais	j'aurais légué
léguons	tu léguerais	tu aurais légué
léguez	il léguerait	il aurait légué
	nous léguerions	nous aurions légué
	vous légueriez	vous auriez légué
	ils légueraient	ils auraient légué

SUBJUNCTIVE

PRESENT	IMPERFECT	PERFECT
je lègue	je léguasse	j'aie légué
tu lègues	tu léguasses	tu aies légué
il lègue	il léguât	il ait légué
nous léguions	nous léguassions	nous ayons légué
vous léguiez	vous léguassiez	vous ayez légué
ils lèguent	ils léguassent	ils aient légué

INFINITIVE	PARTICIPLE
PRESENT	PRESENT
léguer	léguant
PAST	PAST
avoir légué	légué

to wrong

PRESENT	**IMPERFECT**	**FUTURE**
je lèse	je lésais	je léserai
tu lèses	tu lésais	tu léseras
il lèse	il lésait	il lésera
nous lésons	nous lésions	nous léserons
vous lésez	vous lésiez	vous léserez
ils lèsent	ils lésaient	ils léseront

PAST HISTORIC	**PERFECT**	**PLUPERFECT**
je lésai	j'ai lésé	j'avais lésé
tu lésas	tu as lésé	tu avais lésé
il lésa	il a lésé	il avait lésé
nous lésâmes	nous avons lésé	nous avions lésé
vous lésâtes	vous avez lésé	vous aviez lésé
ils lésèrent	ils ont lésé	ils avaient lésé

PAST ANTERIOR	**FUTURE PERFECT**
j'eus lésé etc	j'aurai lésé etc

IMPERATIVE	*CONDITIONAL*	
	PRESENT	**PAST**
lèse	je léserais	j'aurais lésé
lésons	tu léserais	tu aurais lésé
lésez	il léserait	il aurait lésé
	nous léserions	nous aurions lésé
	vous léseriez	vous auriez lésé
	ils léseraient	ils auraient lésé

SUBJUNCTIVE		
PRESENT	**IMPERFECT**	**PERFECT**
je lèse	je lésasse	j'aie lésé
tu lèses	tu lésasses	tu aies lésé
il lèse	il lésât	il ait lésé
nous lésions	nous lésassions	nous ayons lésé
vous lésiez	vous lésassiez	vous ayez lésé
ils lèsent	ils lésassent	ils aient lésé

INFINITIVE	*PARTICIPLE*
PRESENT	**PRESENT**
léser	lésant
PAST	**PAST**
avoir lésé	lésé

LIRE
to read

PRESENT	IMPERFECT	FUTURE
je lis	je lisais	je lirai
tu lis	tu lisais	tu liras
il lit	il lisait	il lira
nous lisons	nous lisions	nous lirons
vous lisez	vous lisiez	vous lirez
ils lisent	ils lisaient	ils liront

PAST HISTORIC	PERFECT	PLUPERFECT
je lus	j'ai lu	j'avais lu
tu lus	tu as lu	tu avais lu
il lut	il a lu	il avait lu
nous lûmes	nous avons lu	nous avions lu
vous lûtes	vous avez lu	vous aviez lu
ils lurent	ils ont lu	ils avaient lu

PAST ANTERIOR	FUTURE PERFECT
j'eus lu etc	j'aurai lu etc

IMPERATIVE	CONDITIONAL	
	PRESENT	PAST
lis	je lirais	j'aurais lu
lisons	tu lirais	tu aurais lu
lisez	il lirait	il aurait lu
	nous lirions	nous aurions lu
	vous liriez	vous auriez lu
	ils liraient	ils auraient lu

SUBJUNCTIVE

PRESENT	IMPERFECT	PERFECT
je lise	je lusse	j'aie lu
tu lises	tu lusses	tu aies lu
il lise	il lût	il ait lu
nous lisions	nous lussions	nous ayons lu
vous lisiez	vous lussiez	vous ayez lu
ils lisent	ils lussent	ils aient lu

INFINITIVE	PARTICIPLE
PRESENT	PRESENT
lire	lisant
PAST	PAST
avoir lu	lu

MANGER
to eat

PRESENT	IMPERFECT	FUTURE
je mange	je mangeais	je mangerai
tu manges	tu mangeais	tu mangeras
il mange	il mangeait	il mangera
nous mangeons	nous mangions	nous mangerons
vous mangez	vous mangiez	vous mangerez
ils mangent	ils mangeaient	ils mangeront

PAST HISTORIC	PERFECT	PLUPERFECT
je mangeai	j'ai mangé	j'avais mangé
tu mangeas	tu as mangé	tu avais mangé
il mangea	il a mangé	il avait mangé
nous mangeâmes	nous avons mangé	nous avions mangé
vous mangeâtes	vous avez mangé	vous aviez mangé
ils mangèrent	ils ont mangé	ils avaient mangé

PAST ANTERIOR	FUTURE PERFECT
j'eus mangé etc	j'aurai mangé etc

IMPERATIVE	*CONDITIONAL*	
	PRESENT	PAST
mange	je mangerais	j'aurais mangé
mangeons	tu mangerais	tu aurais mangé
mangez	il mangerait	il aurait mangé
	nous mangerions	nous aurions mangé
	vous mangeriez	vous auriez mangé
	ils mangeraient	ils auraient mangé

SUBJUNCTIVE

PRESENT	IMPERFECT	PERFECT
je mange	je mangeasse	j'aie mangé
tu manges	tu mangeasses	tu aies mangé
il mange	il mangeât	il ait mangé
nous mangions	nous mangeassions	nous ayons mangé
vous mangiez	vous mangeassiez	vous ayez mangé
ils mangent	ils mangeassent	ils aient mangé

INFINITIVE	*PARTICIPLE*
PRESENT	PRESENT
manger	mangeant
PAST	PAST
avoir mangé	mangé

MAUDIRE
to curse

PRESENT	IMPERFECT	FUTURE
je maudis	je maudissais	je maudirai
tu maudis	tu maudissais	tu maudiras
il maudit	il maudissait	il maudira
nous maudissons	nous maudissions	nous maudirons
vous maudissez	vous maudissiez	vous maudirez
ils maudissent	ils maudissaient	ils maudiront

PAST HISTORIC	PERFECT	PLUPERFECT
je maudis	j'ai maudit	j'avais maudit
tu maudis	tu as maudit	tu avais maudit
il maudit	il a maudit	il avait maudit
nous maudîmes	nous avons maudit	nous avions maudit
vous maudîtes	vous avez maudit	vous aviez maudit
ils maudirent	ils ont maudit	ils avaient maudit

PAST ANTERIOR	FUTURE PERFECT
j'eus maudit etc	j'aurai maudit etc

IMPERATIVE	CONDITIONAL	
	PRESENT	PAST
maudis	je maudirais	j'aurais maudit
maudissons	tu maudirais	tu aurais maudit
maudissez	il maudirait	il aurait maudit
	nous maudirions	nous aurions maudit
	vous maudiriez	vous auriez maudit
	ils maudiraient	ils auraient maudit

SUBJUNCTIVE

PRESENT	IMPERFECT	PERFECT
je maudisse	je maudisse	j'aie maudit
tu maudisses	tu maudisses	tu aies maudit
il maudisse	il maudît	il ait maudit
nous maudissions	nous maudissions	nous ayons maudit
vous maudissiez	vous maudissiez	vous ayez maudit
ils maudissent	ils maudissent	ils aient maudit

INFINITIVE	PARTICIPLE
PRESENT	PRESENT
maudire	maudissant
PAST	PAST
avoir maudit	maudit

SE MEFIER
to be suspicious

PRESENT	IMPERFECT	FUTURE
je me méfie	je me méfiais	je me méfierai
tu te méfies	tu te méfiais	tu te méfieras
il se méfie	il se méfiait	il se méfiera
nous nous méfions	nous nous méfiions	nous nous méfierons
vous vous méfiez	vous vous méfiiez	vous vous méfierez
ils se méfient	ils se méfiaient	ils se méfieront

PAST HISTORIC	PERFECT	PLUPERFECT
je me méfiai	je me suis méfié	je m'étais méfié
tu te méfias	tu t'es méfié	tu t'étais méfié
il se méfia	il s'est méfié	il s'était méfié
nous nous méfiâmes	nous ns. sommes méfiés	nous ns. étions méfiés
vous vous méfiâtes	vous vs. êtes méfié(s)	vous vs. étiez méfié(s)
ils se méfièrent	ils se sont méfiés	ils s'étaient méfiés

PAST ANTERIOR	FUTURE PERFECT
je me fus méfié etc	je me serai méfié etc

IMPERATIVE	*CONDITIONAL*	
	PRESENT	PAST
méfie-toi	je me méfierais	je me serais méfié
méfions-nous	tu te méfierais	tu te serais méfié
méfiez-vous	il se méfierait	il se serait méfié
	nous nous méfierions	nous ns. serions méfiés
	vous vous méfieriez	vous vs. seriez méfié(s)
	ils se méfieraient	ils se seraient méfiés

SUBJUNCTIVE		
PRESENT	IMPERFECT	PERFECT
je me méfie	je me méfiasse	je me sois méfié
tu te méfies	tu te méfiasses	tu te sois méfié
il se méfie	il se méfiât	il se soit méfié
nous nous méfiions	nous nous méfiassions	nous ns. soyons méfiés
vous vous méfiiez	vous vous méfiassiez	vous vs. soyez méfié(s)
ils se méfient	ils se méfiassent	ils se soient méfiés

INFINITIVE	*PARTICIPLE*
PRESENT	PRESENT
se méfier	se méfiant
PAST	PAST
s'être méfié	méfié

MENER
to lead

PRESENT	IMPERFECT	FUTURE
je mène	je menais	je mènerai
tu mènes	tu menais	tu mèneras
il mène	il menait	il mènera
nous menons	nous menions	nous mènerons
vous menez	vous meniez	vous mènerez
ils mènent	ils menaient	ils mèneront

PAST HISTORIC	PERFECT	PLUPERFECT
je menai	j'ai mené	j'avais mené
tu menas	tu as mené	tu avais mené
il mena	il a mené	il avait mené
nous menâmes	nous avons mené	nous avions mené
vous menâtes	vous avez mené	vous aviez mené
ils menèrent	ils ont mené	ils avaient mené

PAST ANTERIOR	FUTURE PERFECT
j'eus mené etc	j'aurai mené etc

IMPERATIVE	CONDITIONAL	
	PRESENT	PAST
mène	je mènerais	j'aurais mené
menons	tu mènerais	tu aurais mené
menez	il mènerait	il aurait mené
	nous mènerions	nous aurions mené
	vous mèneriez	vous auriez mené
	ils mèneraient	ils auraient mené

SUBJUNCTIVE	IMPERFECT	PERFECT
PRESENT		
je mène	je menasse	j'aie mené
tu mènes	tu menasses	tu aies mené
il mène	il menât	il ait mené
nous menions	nous menassions	nous ayons mené
vous meniez	vous menassiez	vous ayez mené
ils mènent	ils menassent	ils aient mené

INFINITIVE	PARTICIPLE
PRESENT	PRESENT
mener	menant
PAST	PAST
avoir mené	mené

MENTIR
to lie

PRESENT

je mens
tu mens
il ment
nous mentons
vous mentez
ils mentent

IMPERFECT

je mentais
tu mentais
il mentait
nous mentions
vous mentiez
ils mentaient

FUTURE

je mentirai
tu mentiras
il mentira
nous mentirons
vous mentirez
ils mentiront

PAST HISTORIC

je mentis
tu mentis
il mentit
nous mentîmes
vous mentîtes
ils mentirent

PERFECT

j'ai menti
tu as menti
il a menti
nous avons menti
vous avez menti
ils ont menti

PLUPERFECT

j'avais menti
tu avais menti
il avait menti
nous avions menti
vous aviez menti
ils avaient menti

PAST ANTERIOR

j'eus menti etc

FUTURE PERFECT

j'aurai menti etc

IMPERATIVE

mens
mentons
mentez

CONDITIONAL

PRESENT

je mentirais
tu mentirais
il mentirait
nous mentirions
vous mentiriez
ils mentiraient

PAST

j'aurais menti
tu aurais menti
il aurait menti
nous aurions menti
vous auriez menti
ils auraient menti

SUBJUNCTIVE

PRESENT

je mente
tu mentes
il mente
nous mentions
vous mentiez
ils mentent

IMPERFECT

je mentisse
tu mentisses
il mentît
nous mentissions
vous mentissiez
ils mentissent

PERFECT

j'aie menti
tu aies menti
il ait menti
nous ayons menti
vous ayez menti
ils aient menti

INFINITIVE

PRESENT

mentir

PAST

avoir menti

PARTICIPLE

PRESENT

mentant

PAST

menti

121 METTRE
to put

PRESENT	IMPERFECT	FUTURE
je mets	je mettais	je mettrai
tu mets	tu mettais	tu mettras
il met	il mettait	il mettra
nous mettons	nous mettions	nous mettrons
vous mettez	vous mettiez	vous mettrez
ils mettent	ils mettaient	ils mettront

PAST HISTORIC	PERFECT	PLUPERFECT
je mis	j'ai mis	j'avais mis
tu mis	tu as mis	tu avais mis
il mit	il a mis	il avait mis
nous mîmes	nous avons mis	nous avions mis
vous mîtes	vous avez mis	vous aviez mis
ils mirent	ils ont mis	ils avaient mis

PAST ANTERIOR	FUTURE PERFECT
j'eus mis etc	j'aurai mis etc

IMPERATIVE	CONDITIONAL	
	PRESENT	PAST
mets	je mettrais	j'aurais mis
mettons	tu mettrais	tu aurais mis
mettez	il mettrait	il aurait mis
	nous mettrions	nous aurions mis
	vous mettriez	vous auriez mis
	ils mettraient	ils auraient mis

SUBJUNCTIVE		
PRESENT	IMPERFECT	PERFECT
je mette	je misse	j'aie mis
tu mettes	tu misses	tu aies mis
il mette	il mît	il ait mis
nous mettions	nous missions	nous ayons mis
vous mettiez	vous missiez	vous ayez mis
ils mettent	ils missent	ils aient mis

INFINITIVE	PARTICIPLE
PRESENT	PRESENT
mettre	mettant
PAST	PAST
avoir mis	mis

to go up

PRESENT	**IMPERFECT**	**FUTURE**
je monte	je montais	je monterai
tu montes	tu montais	tu monteras
il monte	il montait	il montera
nous montons	nous montions	nous monterons
vous montez	vous montiez	vous monterez
ils montent	ils montaient	ils monteront

PAST HISTORIC	**PERFECT**	**PLUPERFECT**
je montai	je suis monté	j'étais monté
tu montas	tu es monté	tu étais monté
il monta	il est monté	il était monté
nous montâmes	nous sommes montés	nous étions montés
vous montâtes	vous êtes monté(s)	vous étiez monté(s)
ils montèrent	ils sont montés	ils étaient montés

PAST ANTERIOR	**FUTURE PERFECT**
je fus monté etc	je serai monté etc

IMPERATIVE	**CONDITIONAL**	
	PRESENT	**PAST**
monte	je monterais	je serais monté
montons	tu monterais	tu serais monté
montez	il monterait	il serait monté
	nous monterions	nous serions montés
	vous monteriez	vous seriez monté(s)
	ils monteraient	ils seraient montés

SUBJUNCTIVE		
PRESENT	**IMPERFECT**	**PERFECT**
je monte	je montasse	je sois monté
tu montes	tu montasses	tu sois monté
il monte	il montât	il soit monté
nous montions	nous montassions	nous soyons montés
vous montiez	vous montassiez	vous soyez monté(s)
ils montent	ils montassent	ils soient montés

INFINITIVE	**PARTICIPLE**	**NOTE**
PRESENT	**PRESENT**	*auxiliary* avoir *when* *transitive*
monter	montant	
PAST	**PAST**	
être monté	monté	

MORDRE
to bite

PRESENT	IMPERFECT	FUTURE
je mords	je mordais	je mordrai
tu mords	tu mordais	tu mordras
il mord	il mordait	il mordra
nous mordons	nous mordions	nous mordrons
vous mordez	vous mordiez	vous mordrez
ils mordent	ils mordaient	ils mordront

PAST HISTORIC	PERFECT	PLUPERFECT
je mordis	j'ai mordu	j'avais mordu
tu mordis	tu as mordu	tu avais mordu
il mordit	il a mordu	il avait mordu
nous mordîmes	nous avons mordu	nous avions mordu
vous mordîtes	vous avez mordu	vous aviez mordu
ils mordirent	ils ont mordu	ils avaient mordu

PAST ANTERIOR	FUTURE PERFECT
j'eus mordu etc	j'aurai mordu etc

IMPERATIVE	*CONDITIONAL*	
	PRESENT	**PAST**
mords	je mordrais	j'aurais mordu
mordons	tu mordrais	tu aurais mordu
mordez	il mordrait	il aurait mordu
	nous mordrions	nous aurions mordu
	vous mordriez	vous auriez mordu
	ils mordraient	ils auraient mordu

SUBJUNCTIVE		
PRESENT	IMPERFECT	PERFECT
je morde	je mordisse	j'aie mordu
tu mordes	tu mordisses	tu aies mordu
il morde	il mordît	il ait mordu
nous mordions	nous mordissions	nous ayons mordu
vous mordiez	vous mordissiez	vous ayez mordu
ils mordent	ils mordissent	ils aient mordu

INFINITIVE	*PARTICIPLE*
PRESENT	PRESENT
mordre	mordant
PAST	PAST
avoir mordu	mordu

MOUDRE
to grind

PRESENT	IMPERFECT	FUTURE
je mouds	je moulais	je moudrai
tu mouds	tu moulais	tu moudras
il moud	il moulait	il moudra
nous moulons	nous moulions	nous moudrons
vous moulez	vous mouliez	vous moudrez
ils moulent	ils moulaient	ils moudront

PAST HISTORIC	PERFECT	PLUPERFECT
je moulus	j'ai moulu	j'avais moulu
tu moulus	tu as moulu	tu avais moulu
il moulut	il a moulu	il avait moulu
nous moulûmes	nous avons moulu	nous avions moulu
vous moulûtes	vous avez moulu	vous aviez moulu
ils moulurent	ils ont moulu	ils avaient moulu

PAST ANTERIOR	FUTURE PERFECT
j'eus moulu etc	j'aurai moulu etc

IMPERATIVE	CONDITIONAL	
	PRESENT	PAST
mouds	je moudrais	j'aurais moulu
moulons	tu moudrais	tu aurais moulu
moulez	il moudrait	il aurait moulu
	nous moudrions	nous aurions moulu
	vous moudriez	vous auriez moulu
	ils moudraient	ils auraient moulu

SUBJUNCTIVE

PRESENT	IMPERFECT	PERFECT
je moule	je moulusse	j'aie moulu
tu moules	tu moulusses	tu aies moulu
il moule	il moulût	il ait moulu
nous moulions	nous moulussions	nous ayons moulu
vous mouliez	vous moulussiez	vous ayez moulu
ils moulent	ils moulussent	ils aient moulu

INFINITIVE	PARTICIPLE
PRESENT	PRESENT
moudre	moulant
PAST	PAST
avoir moulu	moulu

MOURIR
to die

PRESENT	IMPERFECT	FUTURE
je meurs	je mourais	je mourrai
tu meurs	tu mourais	tu mourras
il meurt	il mourait	il mourra
nous mourons	nous mourions	nous mourrons
vous mourez	vous mouriez	vous mourrez
ils meurent	ils mouraient	ils mourront

PAST HISTORIC	PERFECT	PLUPERFECT
je mourus	je suis mort	j'étais mort
tu mourus	tu es mort	tu étais mort
il mourut	il est mort	il était mort
nous mourûmes	nous sommes morts	nous étions morts
vous mourûtes	vous êtes mort(s)	vous étiez mort(s)
ils moururent	ils sont morts	ils étaient morts

PAST ANTERIOR	FUTURE PERFECT
je fus mort etc	je serai mort etc

IMPERATIVE	*CONDITIONAL*	
	PRESENT	PAST
meurs	je mourrais	je serais mort
mourons	tu mourrais	tu serais mort
mourez	il mourrait	il serait mort
	nous mourrions	nous serions morts
	vous mourriez	vous seriez mort(s)
	ils mourraient	ils seraient morts

SUBJUNCTIVE		
PRESENT	IMPERFECT	PERFECT
je meure	je mourusse	je sois mort
tu meures	tu mourusses	tu sois mort
il meure	il mourût	il soit mort
nous mourions	nous mourussions	nous soyons morts
vous mouriez	vous mourussiez	vous soyez mort(s)
ils meurent	ils mourussent	ils soient morts

INFINITIVE	*PARTICIPLE*
PRESENT	PRESENT
mourir	mourant
PAST	PAST
être mort	mort

MOUVOIR
to move

PRESENT	IMPERFECT	FUTURE
je meus	je mouvais	je mouvrai
tu meus	tu mouvais	tu mouvras
il meut	il mouvait	il mouvra
nous mouvons	nous mouvions	nous mouvrons
vous mouvez	vous mouviez	vous mouvrez
ils meuvent	ils mouvaient	ils mouvront

PAST HISTORIC	PERFECT	PLUPERFECT
je mus	j'ai mû	j'avais mû
tu mus	tu as mû	tu avais mû
il mut	il a mû	il avait mû
nous mûmes	nous avons mû	nous avions mû
vous mûtes	vous avez mû	vous aviez mû
ils murent	ils ont mû	ils avaient mû

PAST ANTERIOR	FUTURE PERFECT
j'eus mû etc	j'aurai mû etc

IMPERATIVE	CONDITIONAL	
	PRESENT	PAST
meus	je mouvrais	j'aurais mû
mouvons	tu mouvrais	tu aurais mû
mouvez	il mouvrait	il aurait mû
	nous mouvrions	nous aurions mû
	vous mouvriez	vous auriez mû
	ils mouvraient	ils auraient mû

SUBJUNCTIVE

PRESENT	IMPERFECT	PERFECT
je meuve	je musse	j'aie mû
tu meuves	tu musses	tu aies mû
il meuve	il mût	il ait mû
nous mouvions	nous mussions	nous ayons mû
vous mouviez	vous mussiez	vous ayez mû
ils meuvent	ils mussent	ils aient mû

INFINITIVE	PARTICIPLE
PRESENT	PRESENT
mouvoir	mouvant
PAST	PAST
avoir mû	mû (mue, mus)

127 NAITRE
to be born

PRESENT	IMPERFECT	FUTURE
je nais	je naissais	je naîtrai
tu nais	tu naissais	tu naîtras
il naît	il naissait	il naîtra
nous naissons	nous naissions	nous naîtrons
vous naissez	vous naissiez	vous naîtrez
ils naissent	ils naissaient	ils naîtront

PAST HISTORIC	PERFECT	PLUPERFECT
je naquis	je suis né	j'étais né
tu naquis	tu es né	tu étais né
il naquit	il est né	il était né
nous naquîmes	nous sommes nés	nous étions nés
vous naquîtes	vous êtes né(s)	vous étiez né(s)
ils naquirent	ils sont nés	ils étaient nés

PAST ANTERIOR	FUTURE PERFECT
je fus né etc	je serai né etc

IMPERATIVE	CONDITIONAL	
	PRESENT	PAST
nais	je naîtrais	je serais né
naissons	tu naîtrais	tu serais né
naissez	il naîtrait	il serait né
	nous naîtrions	nous serions nés
	vous naîtriez	vous seriez né(s)
	ils naîtraient	ils seraient nés

SUBJUNCTIVE

PRESENT	IMPERFECT	PERFECT
je naisse	je naquisse	je sois né
tu naisses	tu naquisses	tu sois né
il naisse	il naquît	il soit né
nous naissions	nous naquissions	nous soyons nés
vous naissiez	vous naquissiez	vous soyez né(s)
ils naissent	ils naquissent	ils soient nés

INFINITIVE	PARTICIPLE
PRESENT	PRESENT
naître	naissant
PAST	PAST
être né	né

to taunt

PRESENT	IMPERFECT	FUTURE
je nargue	je narguais	je narguerai
tu nargues	tu narguais	tu nargueras
il nargue	il narguait	il narguera
nous narguons	nous narguions	nous narguerons
vous narguez	vous narguiez	vous narguerez
ils narguent	ils narguaient	ils nargueront

PAST HISTORIC	PERFECT	PLUPERFECT
je narguai	j'ai nargué	j'avais nargué
tu narguas	tu as nargué	tu avais nargué
il nargua	il a nargué	il avait nargué
nous narguâmes	nous avons nargué	nous avions nargué
vous narguâtes	vous avez nargué	vous aviez nargué
ils narguèrent	ils ont nargué	ils avaient nargué

PAST ANTERIOR	FUTURE PERFECT
j'eus nargué etc	j'aurai nargué etc

IMPERATIVE	*CONDITIONAL*	
	PRESENT	PAST
nargue	je narguerais	j'aurais nargué
narguons	tu narguerais	tu aurais nargué
narguez	il narguerait	il aurait nargué
	nous narguerions	nous aurions nargué
	vous nargueriez	vous auriez nargué
	ils margueraient	ils auraient nargué

SUBJUNCTIVE		
PRESENT	IMPERFECT	PERFECT
je nargue	je narguasse	j'aie nargué
tu nargues	tu narguasses	tu aies nargué
il nargue	il narguât	il ait nargué
nous narguions	nous narguassions	nous ayons nargué
vous narguiez	vous narguassiez	vous ayez nargué
ils narguent	ils narguassent	ils aient nargué

INFINITIVE	*PARTICIPLE*
PRESENT	PRESENT
narguer	narguant
PAST	PAST
avoir nargué	nargué

NETTOYER
to clean

PRESENT	IMPERFECT	FUTURE
je nettoie	je nettoyais	je nettoierai
tu nettoies	tu nettoyais	tu nettoieras
il nettoie	il nettoyait	il nettoiera
nous nettoyons	nous nettoyions	nous nettoierons
vous nettoyez	vous nettoyiez	vous nettoierez
ils nettoient	ils nettoyaient	ils nettoieront

PAST HISTORIC	PERFECT	PLUPERFECT
je nettoyai	j'ai nettoyé	j'avais nettoyé
tu nettoyas	tu as nettoyé	tu avais nettoyé
il nettoya	il a nettoyé	il avait nettoyé
nous nettoyâmes	nous avons nettoyé	nous avions nettoyé
vous nettoyâtes	vous avez nettoyé	vous aviez nettoyé
ils nettoyèrent	ils ont nettoyé	ils avaient nettoyé

PAST ANTERIOR	FUTURE PERFECT
j'eus nettoyé etc	j'aurai nettoyé etc

IMPERATIVE	CONDITIONAL	
	PRESENT	PAST
nettoie	je nettoierais	j'aurais nettoyé
nettoyons	tu nettoierais	tu aurais nettoyé
nettoyez	il nettoierait	il aurait nettoyé
	nous nettoierions	nous aurions nettoyé
	vous nettoieriez	vous auriez nettoyé
	ils nettoieraient	ils auraient nettoyé

SUBJUNCTIVE

PRESENT	IMPERFECT	PERFECT
je nettoie	je nettoyasse	j'aie nettoyé
tu nettoies	tu nettoyasses	tu aies nettoyé
il nettoie	il nettoyât	il ait nettoyé
nous nettoyions	nous nettoyassions	nous ayons nettoyé
vous nettoyiez	vous nettoyassiez	vous ayez nettoyé
ils nettoient	ils nettoyassent	ils aient nettoyé

INFINITIVE	PARTICIPLE
PRESENT	PRESENT
nettoyer	nettoyant
PAST	PAST
avoir nettoyé	nettoyé

to harm

PRESENT	IMPERFECT	FUTURE
je nuis	je nuisais	je nuirai
tu nuis	tu nuisais	tu nuiras
il nuit	il nuisait	il nuira
nous nuisons	nous nuisions	nous nuirons
vous nuisez	vous nuisiez	vous nuirez
ils nuisent	ils nuisaient	ils nuiront

PAST HISTORIC	PERFECT	PLUPERFECT
je nuisis	j'ai nui	j'avais nui
tu nuisis	tu as nui	tu avais nui
il nuisit	il a nui	il avait nui
nous nuisîmes	nous avons nui	nous avions nui
vous nuisîtes	vous avez nui	vous aviez nui
ils nuisirent	ils ont nui	ils avaient nui

PAST ANTERIOR	FUTURE PERFECT
j'eus nui etc	j'aurai nui etc

IMPERATIVE	*CONDITIONAL*	
	PRESENT	PAST
nuis	je nuirais	j'aurais nui
nuisons	tu nuirais	tu aurais nui
nuisez	il nuirait	il aurait nui
	nous nuirions	nous aurions nui
	vous nuiriez	vous auriez nui
	ils nuiraient	ils auraient nui

SUBJUNCTIVE		
PRESENT	IMPERFECT	PERFECT
je nuise	je nuisisse	j'aie nui
tu nuises	tu nuisisses	tu aies nui
il nuise	il nuisît	il ait nui
nous nuisions	nous nuisissions	nous ayons nui
vous nuisiez	vous nuisissiez	vous ayez nui
ils nuisent	ils nuisissent	ils aient nui

INFINITIVE	*PARTICIPLE*
PRESENT	PRESENT
nuire	nuisant
PAST	PAST
avoir nui	nui

131 OBEIR
to obey

PRESENT	IMPERFECT	FUTURE
j'obéis	j'obéissais	j'obéirai
tu obéis	tu obéissais	tu obéiras
il obéit	il obéissait	il obéira
nous obéissons	nous obéissions	nous obéirons
vous obéissez	vous obéissiez	vous obéirez
ils obéissent	ils obéissaient	ils obéiront

PAST HISTORIC	PERFECT	PLUPERFECT
j'obéis	j'ai obéi	j'avais obéi
tu obéis	tu as obéi	tu avais obéi
il obéit	il a obéi	il avait obéi
nous obéîmes	nous avons obéi	nous avions obéi
vous obéîtes	vous avez obéi	vous aviez obéi
ils obéirent	ils ont obéi	ils avaient obéi

PAST ANTERIOR	FUTURE PERFECT
j'eus obéi etc	j'aurai obéi etc

IMPERATIVE	CONDITIONAL	
	PRESENT	PAST
obéis	j'obéirais	j'aurais obéi
obéissons	tu obéirais	tu aurais obéi
obéissez	il obéirait	il aurait obéi
	nous obéirions	nous aurions obéi
	vous obéiriez	vous auriez obéi
	ils obéiraient	ils auraient obéi

SUBJUNCTIVE

PRESENT	IMPERFECT	PERFECT
j'obéisse	j'obéisse	j'aie obéi
tu obéisses	tu obéisses	tu aies obéi
il obéisse	il obéît	il ait obéi
nous obéissions	nous obéissions	nous ayons obéi
vous obéissiez	vous obéissiez	vous ayez obéi
ils obéissent	ils obéissent	ils aient obéi

INFINITIVE	PARTICIPLE
PRESENT	PRESENT
obéir	obéissant
PAST	PAST
avoir obéi	obéi

to get

PRESENT

j'obtiens
tu obtiens
il obtient
nous obtenons
vous obtenez
ils obtiennent

IMPERFECT

j'obtenais
tu obtenais
il obtenait
nous obtenions
vous obteniez
ils obtenaient

FUTURE

j'obtiendrai
tu obtiendras
il obtiendra
nous obtiendrons
vous obtiendrez
ils obtiendront

PAST HISTORIC

j'obtins
tu obtins
il obtint
nous obtînmes
vous obtîntes
ils obtinrent

PERFECT

j'ai obtenu
tu as obtenu
il a obtenu
nous avons obtenu
vous avez obtenu
ils ont obtenu

PLUPERFECT

j'avais obtenu
tu avais obtenu
il avait obtenu
nous avions obtenu
vous aviez obtenu
ils avaient obtenu

PAST ANTERIOR

j'eus obtenu etc

FUTURE PERFECT

j'aurai obtenu etc

IMPERATIVE

obtiens
obtenons
obtenez

CONDITIONAL

PRESENT

j'obtiendrais
tu obtiendrais
il obtiendrait
nous obtiendrions
vous obtiendriez
ils obtiendraient

PAST

j'aurais obtenu
tu aurais obtenu
il aurait obtenu
nous aurions obtenu
vous auriez obtenu
ils auraient obtenu

SUBJUNCTIVE

PRESENT

j'obtienne
tu obtiennes
il obtienne
nous obtenions
vous obteniez
ils obtiennent

IMPERFECT

j'obtinsse
tu obtinsses
il obtînt
nous obtinssions
vous obtinssiez
ils obtinssent

PERFECT

j'aie obtenu
tu aies obtenu
il ait obtenu
nous ayons obtenu
vous ayez obtenu
ils aient obtenu

INFINITIVE

PRESENT

obtenir

PAST

avoir obtenu

PARTICIPLE

PRESENT

obtenant

PAST

obtenu

OFFRIR
to offer

PRESENT	IMPERFECT	FUTURE
j'offre	j'offrais	j'offrirai
tu offres	tu offrais	tu offriras
il offre	il offrait	il offrira
nous offrons	nous offrions	nous offrirons
vous offrez	vous offriez	vous offrirez
ils offrent	ils offraient	ils offriront

PAST HISTORIC	PERFECT	PLUPERFECT
j'offris	j'ai offert	j'avais offert
tu offris	tu as offert	tu avais offert
il offrit	il a offert	il avait offert
nous offrîmes	nous avons offert	nous avions offert
vous offrîtes	vous avez offert	vous aviez offert
ils offrirent	ils ont offert	ils avaient offert

PAST ANTERIOR	FUTURE PERFECT
j'eus offert etc	j'aurai offert etc

IMPERATIVE	CONDITIONAL	
	PRESENT	PAST
offre	j'offrirais	j'aurais offert
offrons	tu offrirais	tu aurais offert
offrez	il offrirait	il aurait offert
	nous offririons	nous aurions offert
	vous offririez	vous auriez offert
	ils offriraient	ils auraient offert

SUBJUNCTIVE

PRESENT	IMPERFECT	PERFECT
j'offre	j'offrisse	j'aie offert
tu offres	tu offrisses	tu aies offert
il offre	il offrît	il ait offert
nous offrions	nous offrissions	nous ayons offert
vous offriez	vous offrissiez	vous ayez offert
ils offrent	ils offrissent	ils aient offert

INFINITIVE	PARTICIPLE
PRESENT	PRESENT
offrir	offrant
PAST	PAST
avoir offert	offert

to open

PRESENT	IMPERFECT	FUTURE
j'ouvre	j'ouvrais	j'ouvrirai
tu ouvres	tu ouvrais	tu ouvriras
il ouvre	il ouvrait	il ouvrira
nous ouvrons	nous ouvrions	nous ouvrirons
vous ouvrez	vous ouvriez	vous ouvrirez
ils ouvrent	ils ouvraient	ils ouvriront

PAST HISTORIC	PERFECT	PLUPERFECT
j'ouvris	j'ai ouvert	j'avais ouvert
tu ouvris	tu as ouvert	tu avais ouvert
il ouvrit	il a ouvert	il avait ouvert
nous ouvrîmes	nous avons ouvert	nous avions ouvert
vous ouvrîtes	vous avez ouvert	vous aviez ouvert
ils ouvrirent	ils ont ouvert	ils avaient ouvert

PAST ANTERIOR	FUTURE PERFECT
j'eus ouvert etc	j'aurai ouvert etc

IMPERATIVE	*CONDITIONAL*	
	PRESENT	PAST
ouvre	j'ouvrirais	j'aurais ouvert
ouvrons	tu ouvrirais	tu aurais ouvert
ouvrez	il ouvrirait	il aurait ouvert
	nous ouvririons	nous aurions ouvert
	vous ouvririez	vous auriez ouvert
	ils ouvriraient	ils auraient ouvert

SUBJUNCTIVE		
PRESENT	IMPERFECT	PERFECT
j'ouvre	j'ouvrisse	j'aie ouvert
tu ouvres	tu ouvrisses	tu aies ouvert
il ouvre	il ouvrît	il ait ouvert
nous ouvrions	nous ouvrissions	nous ayons ouvert
vous ouvriez	vous ouvrissiez	vous ayez ouvert
ils ouvrent	ils ouvrissent	ils aient ouvert

INFINITIVE	*PARTICIPLE*
PRESENT	PRESENT
ouvrir	ouvrant
PAST	PAST
avoir ouvert	ouvert

135 PAITRE
to graze

PRESENT	IMPERFECT	FUTURE
je pais	je paissais	je paîtrai
tu pais	tu paissais	tu paîtras
il paît	il paissait	il paîtra
nous paissons	nous paissions	nous paîtrons
vous paissez	vous paissiez	vous paîtrez
ils paissent	ils paissaient	ils paîtront

PAST HISTORIC	PERFECT	PLUPERFECT

PAST ANTERIOR	FUTURE PERFECT

IMPERATIVE	CONDITIONAL	
	PRESENT	PAST
pais	je paîtrais	
paissons	tu paîtrais	
paissez	il paîtrait	
	nous paîtrions	
	vous paîtriez	
	ils paîtraient	

SUBJUNCTIVE
PRESENT	IMPERFECT	PERFECT
je paisse		
tu paisses		
il paisse		
nous paissions		
vous paissiez		
ils paissent		

INFINITIVE	PARTICIPLE
PRESENT	PRESENT
paître	paissant
PAST	PAST
	pu

PARAITRE
to appear

PRESENT	**IMPERFECT**	**FUTURE**
je parais	je paraissais	je paraîtrai
tu parais	tu paraissais	tu paraîtras
il paraît	il paraissait	il paraîtra
nous paraissons	nous paraissions	nous paraîtrons
vous paraissez	vous paraissiez	vous paraîtrez
ils paraissent	ils paraissaient	ils paraîtront

PAST HISTORIC	**PERFECT**	**PLUPERFECT**
je parus	j'ai paru	j'avais paru
tu parus	tu as paru	tu avais paru
il parut	il a paru	il avait paru
nous parûmes	nous avons paru	nous avions paru
vous parûtes	vous avez paru	vous aviez paru
ils parurent	ils ont paru	ils avaient paru

PAST ANTERIOR	**FUTURE PERFECT**
j'eus paru etc	j'aurai paru etc

IMPERATIVE	*CONDITIONAL*	
	PRESENT	**PAST**
parais	je paraîtrais	j'aurais paru
paraissons	tu paraîtrais	tu aurais paru
paraissez	il paraîtrait	il aurait paru
	nous paraîtrions	nous aurions paru
	vous paraîtriez	vous auriez paru
	ils paraîtraient	ils auraient paru

SUBJUNCTIVE

PRESENT	**IMPERFECT**	**PERFECT**
je paraisse	je parusse	j'aie paru
tu paraisses	tu parusses	tu aies paru
il paraisse	il parût	il ait paru
nous paraissions	nous parussions	nous ayons paru
vous paraissiez	vous parussiez	vous ayez paru
ils paraissent	ils parussent	ils aient paru

INFINITIVE	*PARTICIPLE*	*NOTE*
PRESENT	**PRESENT**	*takes auxiliary* être *when it means 'to be published'* apparaître: *can also take auxiliary* être
paraître	paraissant	
PAST	**PAST**	
avoir paru	paru	

PARTIR
to go away

PRESENT	IMPERFECT	FUTURE
je pars	je partais	je partirai
tu pars	tu partais	tu partiras
il part	il partait	il partira
nous partons	nous partions	nous partirons
vous partez	vous partiez	vous partirez
ils partent	ils partaient	ils partiront

PAST HISTORIC	PERFECT	PLUPERFECT
je partis	je suis parti	j'étais parti
tu partis	tu es parti	tu étais parti
il partit	il est parti	il était parti
nous partîmes	nous sommes partis	nous étions partis
vous partîtes	vous êtes parti(s)	vous étiez parti(s)
ils partirent	ils sont partis	ils étaient partis

PAST ANTERIOR	FUTURE PERFECT
je fus parti etc	je serai parti etc

IMPERATIVE	CONDITIONAL	
	PRESENT	PAST
pars	je partirais	je serais parti
partons	tu partirais	tu serais parti
partez	il partirait	il serait parti
	nous partirions	nous serions partis
	vous partiriez	vous seriez parti(s)
	ils partiraient	ils seraient partis

SUBJUNCTIVE

PRESENT	IMPERFECT	PERFECT
je parte	je partisse	je sois parti
tu partes	tu partisses	tu sois parti
il parte	il partît	il soit parti
nous partions	nous partissions	nous soyons partis
vous partiez	vous partissiez	vous soyez parti(s)
ils partent	ils partissent	ils soient partis

INFINITIVE	PARTICIPLE	NOTE
PRESENT	PRESENT	repartir: *takes auxiliary*
partir	partant	avoir *when it means 'to reply'*
PAST	PAST	
être parti	parti	

PARVENIR
to reach

PRESENT	**IMPERFECT**	**FUTURE**
je parviens	je parvenais	je parviendrai
tu parviens78	tu parvenais	tu parviendras
il parvient	il parvenait	il parviendra
nous parvenons	nous parvenions	nous parviendrons
vous parvenez	vous parveniez	vous parviendrez
ils parviennent	ils parvenaient	ils parviendront

PAST HISTORIC	**PERFECT**	**PLUPERFECT**
je parvins	je suis parvenu	j'étais parvenu
tu parvins	tu es parvenu	tu étais parvenu
il parvint	il est parvenu	il était parvenu
nous parvînmes	nous sommes parvenus	nous étions parvenus
vous parvîntes	vous êtes parvenu(s)	vous étiez parvenu(s)
ils parvinrent	ils sont parvenus	ils étaient parvenus

PAST ANTERIOR	**FUTURE PERFECT**
je fus parvenu etc	je serai parvenu etc

IMPERATIVE	**CONDITIONAL**	
	PRESENT	**PAST**
parviens	je parviendrais	je serais parvenu
parvenons	tu parviendrais	tu serais parvenu
parvenez	il parviendrait	il serait parvenu
	nous parviendrions	nous serions parvenus
	vous parviendriez	vous seriez parvenu(s)
	ils parviendraient	ils seraient parvenus

SUBJUNCTIVE		
PRESENT	**IMPERFECT**	**PERFECT**
je parvienne	je parvinsse	je sois parvenu
tu parviennes	tu parvinsses	tu sois parvenu
il parvienne	il parvînt	il soit parvenu
nous parvenions	nous parvinssions	nous soyons parvenus
vous parveniez	vous parvinssiez	vous soyez parvenu(s)
ils parviennent	ils parvinssent	ils soient parvenus

INFINITIVE	**PARTICIPLE**
PRESENT	**PRESENT**
parvenir	parvenant
PAST	**PAST**
être parvenu	parvenu

139   PASSER
to pass

PRESENT	IMPERFECT	FUTURE
je passe	je passais	je passerai
tu passes	tu passais	tu passeras
il passe	il passait	il passera
nous passons	nous passions	nous passerons
vous passez	vous passiez	vous passerez
ils passent	ils passaient	ils passeront

PAST HISTORIC	PERFECT	PLUPERFECT
je passai	j'ai passé	j'avais passé
tu passas	tu as passé	tu avais passé
il passa	il a passé	il avait passé
nous passâmes	nous avons passé	nous avions passé
vous passâtes	vous avez passé	vous aviez passé
ils passèrent	ils ont passé	ils avaient passé

PAST ANTERIOR	FUTURE PERFECT
j'eus passé etc	j'aurai passé etc

IMPERATIVE	CONDITIONAL	
	PRESENT	PAST
passe	je passerais	j'aurais passé
passons	tu passerais	tu aurais passé
passez	il passerait	il aurait passé
	nous passerions	nous aurions passé
	vous passeriez	vous auriez passé
	ils passeraient	ils auraient passé

SUBJUNCTIVE

PRESENT	IMPERFECT	PERFECT
je passe	je passasse	j'aie passé
tu passes	tu passasses	tu aies passé
il passe	il passât	il ait passé
nous passions	nous passassions	nous ayons passé
vous passiez	vous passassiez	vous ayez passé
ils passent	ils passassent	ils aient passé

INFINITIVE	PARTICIPLE	NOTE
PRESENT	PRESENT	*can take auxiliary* être *when it means 'to go/come past'*
passer	passant	
PAST	PAST	*repasser: can take auxiliary* être *when it means 'to go/come past again'*
avoir passé	passé	

PAYER
to pay

140

PRESENT

je paye
tu payes
il paye
nous payons
vous payez
ils payent

IMPERFECT

je payais
tu payais
il payait
nous payions
vous payiez
ils payaient

FUTURE

je payerai
tu payeras
il payera
nous payerons
vous payerez
ils payeront

PAST HISTORIC

je payai
tu payas
il paya
nous payâmes
vous payâtes
ils payèrent

PERFECT

j'ai payé
tu as payé
il a payé
nous avons payé
vous avez payé
ils ont payé

PLUPERFECT

j'avais payé
tu avais payé
il avait payé
nous avions payé
vous aviez payé
ils avaient payé

PAST ANTERIOR

j'eus payé etc

FUTURE PERFECT

j'aurai payé etc

IMPERATIVE

paye
payons
payez

CONDITIONAL

PRESENT

je payerais
tu payerais
il payerait
nous payerions
vous payeriez
ils payeraient

PAST

j'aurais payé
tu aurais payé
il aurait payé
nous aurions payé
vous auriez payé
ils auraient payé

SUBJUNCTIVE
PRESENT

je paye
tu payes
il paye
nous payions
vous payiez
ils payent

IMPERFECT

je payasse
tu payasses
il payât
nous payassions
vous payassiez
ils payassent

PERFECT

j'aie payé
tu aies payé
il ait payé
nous ayons payé
vous ayez payé
ils aient payé

INFINITIVE
PRESENT

payer

PAST

avoir payé

PARTICIPLE
PRESENT

payant

PAST

payé

PEINDRE
to paint

PRESENT	IMPERFECT	FUTURE
je peins	je peignais	je peindrai
tu peins	tu peignais	tu peindras
il peint	il peignait	il peindra
nous peignons	nous peignions	nous peindrons
vous peignez	vous peigniez	vous peindrez
ils peignent	ils peignaient	ils peindront

PAST HISTORIC	PERFECT	PLUPERFECT
je peignis	j'ai peint	j'avais peint
tu peignis	tu as peint	tu avais peint
il peignit	il a peint	il avait peint
nous peignîmes	nous avons peint	nous avions peint
vous peignîtes	vous avez peint	vous aviez peint
ils peignirent	ils ont peint	ils avaient peint

PAST ANTERIOR	FUTURE PERFECT
j'eus peint etc	j'aurai peint etc

IMPERATIVE	CONDITIONAL	
	PRESENT	PAST
peins	je peindrais	j'aurais peint
peignons	tu peindrais	tu aurais peint
peignez	il peindrait	il aurait peint
	nous peindrions	nous aurions peint
	vous peindriez	vous auriez peint
	ils peindraient	ils auraient peint

SUBJUNCTIVE

PRESENT	IMPERFECT	PERFECT
je peigne	je peignisse	j'aie peint
tu peignes	tu peignisses	tu aies peint
il peigne	il peignît	il ait peint
nous peignions	nous peignissions	nous ayons peint
vous peigniez	vous peignissiez	vous ayez peint
ils peignent	ils peignissent	ils aient peint

INFINITIVE	PARTICIPLE
PRESENT	PRESENT
peindre	peignant
PAST	PAST
avoir peint	peint

PELER
to peel

PRESENT	**IMPERFECT**	**FUTURE**
je pèle	je pelais	je pèlerai
tu pèles	tu pelais	tu pèleras
il pèle	il pelait	il pèlera
nous pelons	nous pelions	nous pèlerons
vous pelez	vous peliez	vous pèlerez
ils pèlent	ils pelaient	ils pèleront

PAST HISTORIC	**PERFECT**	**PLUPERFECT**
je pelai	j'ai pelé	j'avais pelé
tu pelas	tu as pelé	tu avais pelé
il pela	il a pelé	il avait pelé
nous pelâmes	nous avons pelé	nous avions pelé
vous pelâtes	vous avez pelé	vous aviez pelé
ils pelèrent	ils ont pelé	ils avaient pelé

PAST ANTERIOR	**FUTURE PERFECT**
j'eus pelé etc	j'aurai pelé etc

IMPERATIVE	*CONDITIONAL*	
	PRESENT	**PAST**
pèle	je pèlerais	j'aurais pelé
pelons	tu pèlerais	tu aurais pelé
pelez	il pèlerait	il aurait pelé
	nous pèlerions	nous aurions pelé
	vous pèleriez	vous auriez pelé
	ils pèleraient	ils auraient pelé

SUBJUNCTIVE		
PRESENT	**IMPERFECT**	**PERFECT**
je pèle	je pelasse	j'aie pelé
tu pèles	tu pelasses	tu aies pelé
il pèle	il pelât	il ait pelé
nous pelions	nous pelassions	nous ayons pelé
vous peliez	vous pelassiez	vous ayez pelé
ils pèlent	ils pelassent	ils aient pelé

INFINITIVE	*PARTICIPLE*
PRESENT	**PRESENT**
peler	pelant
PAST	**PAST**
avoir pelé	pelé

PENETRER
to enter

PRESENT	IMPERFECT	FUTURE
je pénètre	je pénétrais	je pénétrerai
tu pénètres	tu pénétrais	tu pénétreras
il pénètre	il pénétrait	il pénétrera
nous pénétrons	nous pénétrions	nous pénétrerons
vous pénétrez	vous pénétriez	vous pénétrerez
ils pénètrent	ils pénétraient	ils pénétreront

PAST HISTORIC	PERFECT	PLUPERFECT
je pénétrai	j'ai pénétré	j'avais pénétré
tu pénétras	tu as pénétré	tu avais pénétré
il pénétra	il a pénétré	il avait pénétré
nous pénétrâmes	nous avons pénétré	nous avions pénétré
vous pénétrâtes	vous avez pénétré	vous aviez pénétré
ils pénétrèrent	ils ont pénétré	ils avaient pénétré

PAST ANTERIOR	FUTURE PERFECT
j'eus pénétré etc	j'aurai pénétré etc

IMPERATIVE	CONDITIONAL	
	PRESENT	PAST
pénètre	je pénétrerais	j'aurais pénétré
pénétrons	tu pénétrerais	tu aurais pénétré
pénétrez	il pénétrerait	il aurait pénétré
	nous pénétrerions	nous aurions pénétré
	vous pénétreriez	vous auriez pénétré
	ils pénétreraient	ils auraient pénétré

SUBJUNCTIVE

PRESENT	IMPERFECT	PERFECT
je pénètre	je pénétrasse	j'aie pénétré
tu pénètres	tu pénétrasses	tu aies pénétré
il pénètre	il pénétrât	il ait pénétré
nous pénétrions	nous pénétrassions	nous ayons pénétré
vous pénétriez	vous pénétrassiez	vous ayez pénétré
ils pénètrent	ils pénétrassent	ils aient pénétré

INFINITIVE	PARTICIPLE
PRESENT	PRESENT
pénétrer	pénétrant
PAST	PAST
avoir pénétré	pénétré

PERDRE
to lose

PRESENT	**IMPERFECT**	**FUTURE**
je perds	je perdais	je perdrai
tu perds	tu perdais	tu perdras
il perd	il perdait	il perdra
nous perdons	nous perdions	nous perdrons
vous perdez	vous perdiez	vous perdrez
ils perdent	ils perdaient	ils perdront

PAST HISTORIC	**PERFECT**	**PLUPERFECT**
je perdis	j'ai perdu	j'avais perdu
tu perdis	tu as perdu	tu avais perdu
il perdit	il a perdu	il avait perdu
nous perdîmes	nous avons perdu	nous avions perdu
vous perdîtes	vous avez perdu	vous aviez perdu
ils perdirent	ils ont perdu	ils avaient perdu

PAST ANTERIOR	**FUTURE PERFECT**
j'eus perdu etc	j'aurai perdu etc

IMPERATIVE	*CONDITIONAL*	
	PRESENT	**PAST**
perds	je perdrais	j'aurais perdu
perdons	tu perdrais	tu aurais perdu
perdez	il perdrait	il aurait perdu
	nous perdrions	nous aurions perdu
	vous perdriez	vous auriez perdu
	ils perdraient	ils auraient perdu

SUBJUNCTIVE

PRESENT	**IMPERFECT**	**PERFECT**
je perde	je perdisse	j'aie perdu
tu perdes	tu perdisses	tu aies perdu
il perde	il perdît	il ait perdu
nous perdions	nous perdissions	nous ayons perdu
vous perdiez	vous perdissiez	vous ayez perdu
ils perdent	ils perdissent	ils aient perdu

INFINITIVE	*PARTICIPLE*
PRESENT	**PRESENT**
perdre	perdant
PAST	**PAST**
avoir perdu	perdu

PERMETTRE
to allow

PRESENT	IMPERFECT	FUTURE
je permets	je permettais	je permettrai
tu permets	tu permettais	tu permettras
il permet	il permettait	il permettra
nous permettons	nous permettions	nous permettrons
vous permettez	vous permettiez	vous permettrez
ils permettent	ils permettaient	ils permettront

PAST HISTORIC	PERFECT	PLUPERFECT
je permis	j'ai permis	j'avais permis
tu permis	tu as permis	tu avais permis
il permit	il a permis	il avait permis
nous permîmes	nous avons permis	nous avions permis
vous permîtes	vous avez permis	vous aviez permis
ils permirent	ils ont permis	ils avaient permis

PAST ANTERIOR	FUTURE PERFECT
j'eus permis etc	j'aurai permis etc

IMPERATIVE	CONDITIONAL	
	PRESENT	PAST
permets	je permettrais	j'aurais permis
permettons	tu permettrais	tu aurais permis
permettez	il permettrait	il aurait permis
	nous permettrions	nous aurions permis
	vous permettriez	vous auriez permis
	ils permettraient	ils auraient permis

SUBJUNCTIVE

PRESENT	IMPERFECT	PERFECT
je permette	je permisse	j'aie permis
tu permettes	tu permisses	tu aies permis
il permette	il permît	il ait permis
nous permettions	nous permissions	nous ayons permis
vous permettiez	vous permissiez	vous ayez permis
ils permettent	ils permissent	ils aient permis

INFINITIVE	PARTICIPLE
PRESENT	PRESENT
permettre	permettant
PAST	PAST
avoir permis	permis

PESER
to weigh

PRESENT	**IMPERFECT**	**FUTURE**
je pèse	je pesais	je pèserai
tu pèses	tu pesais	tu pèseras
il pèse	il pesait	il pèsera
nous pesons	nous pesions	nous pèserons
vous pesez	vous pesiez	vous pèserez
ils pèsent	ils pesaient	ils pèseront

PAST HISTORIC	**PERFECT**	**PLUPERFECT**
je pesai	j'ai pesé	j'avais pesé
tu pesas	tu as pesé	tu avais pesé
il pesa	il a pesé	il avait pesé
nous pesâmes	nous avons pesé	nous avions pesé
vous pesâtes	vous avez pesé	vous aviez pesé
ils pesèrent	ils ont pesé	ils avaient pesé

PAST ANTERIOR	**FUTURE PERFECT**
j'eus pesé etc	j'aurai pesé etc

IMPERATIVE	*CONDITIONAL*	
	PRESENT	**PAST**
pèse	je pèserais	j'aurais pesé
pesons	tu pèserais	tu aurais pesé
pesez	il pèserait	il aurait pesé
	nous pèserions	nous aurions pesé
	vous pèseriez	vous auriez pesé
	ils pèseraient	ils auraient pesé

SUBJUNCTIVE		
PRESENT	**IMPERFECT**	**PERFECT**
je pèse	je pesasse	j'aie pesé
tu pèses	tu pesasses	tu aies pesé
il pèse	il pesât	il ait pesé
nous pesions	nous pesassions	nous ayons pesé
vous pesiez	vous pesassiez	vous ayez pesé
ils pèsent	ils pesassent	ils aient pesé

INFINITIVE	*PARTICIPLE*
PRESENT	**PRESENT**
peser	pesant
PAST	**PAST**
avoir pesé	pesé

PLACER
to place

PRESENT	IMPERFECT	FUTURE
je place	je plaçais	je placerai
tu places	tu plaçais	tu placeras
il place	il plaçait	il placera
nous plaçons	nous placions	nous placerons
vous placez	vous placiez	vous placerez
ils placent	ils plaçaient	ils placeront

PAST HISTORIC	PERFECT	PLUPERFECT
je plaçai	j'ai placé	j'avais placé
tu plaças	tu as placé	tu avais placé
il plaça	il a placé	il avait placé
nous plaçâmes	nous avons placé	nous avions placé
vous plaçâtes	vous avez placé	vous aviez placé
ils placèrent	ils ont placé	ils avaient placé

PAST ANTERIOR	FUTURE PERFECT
j'eus placé etc	j'aurai placé etc

IMPERATIVE	*CONDITIONAL*	
	PRESENT	**PAST**
place	je placerais	j'aurais placé
plaçons	tu placerais	tu aurais placé
placez	il placerait	il aurait placé
	nous placerions	nous aurions placé
	vous placeriez	vous auriez placé
	ils placeraient	ils auraient placé

SUBJUNCTIVE

PRESENT	IMPERFECT	PERFECT
je place	je plaçasse	j'aie placé
tu places	tu plaçasses	tu aies placé
il place	il plaçât	il ait placé
nous placions	nous plaçassions	nous ayons placé
vous placiez	vous plaçassiez	vous ayez placé
ils placent	ils plaçassent	ils aient placé

INFINITIVE	*PARTICIPLE*
PRESENT	**PRESENT**
placer	plaçant
PAST	**PAST**
avoir placé	placé

PLAIRE
to please

148

PRESENT	IMPERFECT	FUTURE
je plais	je plaisais	je plairai
tu plais	tu plaisais	tu plairas
il plaît	il plaisait	il plaira
nous plaisons	nous plaisions	nous plairons
vous plaisez	vous plaisiez	vous plairez
ils plaisent	ils plaisaient	ils plairont

PAST HISTORIC	PERFECT	PLUPERFECT
je plus	j'ai plu	j'avais plu
tu plus	tu as plu	tu avais plu
il plut	il a plu	il avait plu
nous plûmes	nous avons plu	nous avions plu
vous plûtes	vous avez plu	vous aviez plu
ils plurent	ils ont plu	ils avaient plu

PAST ANTERIOR	FUTURE PERFECT
j'eus plu etc	j'aurai plu etc

IMPERATIVE	*CONDITIONAL*	
	PRESENT	PAST
plais	je plairais	j'aurais plu
plaisons	tu plairais	tu aurais plu
plaisez	il plairait	il aurait plu
	nous plairions	nous aurions plu
	vous plairiez	vous auriez plu
	ils plairaient	ils auraient plu

SUBJUNCTIVE

PRESENT	IMPERFECT	PERFECT
je plaise	je plusse	j'aie plu
tu plaises	tu plusses	tu aies plu
il plaise	il plût	il ait plu
nous plaisions	nous plussions	nous ayons plu
vous plaisiez	vous plussiez	vous ayez plu
ils plaisent	ils plussent	ils aient plu

INFINITIVE	*PARTICIPLE*	*NOTE*
PRESENT	PRESENT	cette idée me plaît =
plaire	plaisant	*I like this idea*
PAST	PAST	
avoir plu	plu	

149 PLEUVOIR
to rain

PRESENT	IMPERFECT	FUTURE
il pleut	il pleuvait	il pleuvra

PAST HISTORIC	PERFECT	PLUPERFECT
il plut	il a plu	il avait plu

PAST ANTERIOR	FUTURE PERFECT	
il eut plu	il aura plu	

IMPERATIVE	*CONDITIONAL*	
	PRESENT	**PAST**
	il pleuvrait	il aurait plu

SUBJUNCTIVE		
PRESENT	**IMPERFECT**	**PERFECT**
il pleuve	il plût	il ait plu

INFINITIVE	*PARTICIPLE*
PRESENT	**PRESENT**
pleuvoir	pleuvant
PAST	**PAST**
avoir plu	plu

PLONGER
to dive

150

PRESENT	IMPERFECT	FUTURE
je plonge	je plongeais	je plongerai
tu plonges	tu plongeais	tu plongeras
il plonge	il plongeait	il plongera
nous plongeons	nous plongions	nous plongerons
vous plongez	vous plongiez	vous plongerez
ils plongent	ils plongeaient	ils plongeront

PAST HISTORIC	PERFECT	PLUPERFECT
je plongeai	j'ai plongé	j'avais plongé
tu plongeas	tu as plongé	tu avais plongé
il plongea	il a plongé	il avait plongé
nous plongeâmes	nous avons plongé	nous avions plongé
vous plongeâtes	vous avez plongé	vous aviez plongé
ils plongèrent	ils ont plongé	ils avaient plongé

PAST ANTERIOR	FUTURE PERFECT
j'eus plongé etc	j'aurai plongé etc

IMPERATIVE	CONDITIONAL	
	PRESENT	PAST
plonge	je plongerais	j'aurais plongé
plongeons	tu plongerais	tu aurais plongé
plongez	il plongerait	il aurait plongé
	nous plongerions	nous aurions plongé
	vous plongeriez	vous auriez plongé
	ils plongeraient	ils auraient plongé

SUBJUNCTIVE

PRESENT	IMPERFECT	PERFECT
je plonge	je plongeasse	j'aie plongé
tu plonges	tu plongeasses	tu aies plongé
il plonge	il plongeât	il ait plongé
nous plongions	nous plongeassions	nous ayons plongé
vous plongiez	vous plongeassiez	vous ayez plongé
ils plongent	ils plongeassent	ils aient plongé

INFINITIVE	PARTICIPLE
PRESENT	PRESENT
plonger	plongeant
PAST	PAST
avoir plongé	plongé

151 POINDRE
to dawn

PRESENT	IMPERFECT	FUTURE
il point		il poindra

PAST HISTORIC	PERFECT	PLUPERFECT

PAST ANTERIOR	FUTURE PERFECT

IMPERATIVE	*CONDITIONAL* PRESENT	PAST

SUBJUNCTIVE PRESENT	IMPERFECT	PERFECT

INFINITIVE PRESENT	*PARTICIPLE* PRESENT
poindre	
PAST	PAST

to own

PRESENT

je possède
tu possèdes
il possède
nous possédons
vous possédez
ils possèdent

IMPERFECT

je possédais
tu possédais
il possédait
nous possédions
vous possédiez
ils possédaient

FUTURE

je posséderai
tu posséderas
il possédera
nous posséderons
vous posséderez
ils posséderont

PAST HISTORIC

je possédai
tu possédas
il posséda
nous possédâmes
vous possédâtes
ils possédèrent

PERFECT

j'ai possédé
tu as possédé
il a possédé
nous avons possédé
vous avez possédé
ils ont possédé

PLUPERFECT

j'avais possédé
tu avais possédé
il avait possédé
nous avions possédé
vous aviez possédé
ils avaient possédé

PAST ANTERIOR

j'eus possédé etc

FUTURE PERFECT

j'aurai possédé etc

IMPERATIVE

possède
possédons
possédez

CONDITIONAL

PRESENT

je posséderais
tu posséderais
il posséderait
nous posséderions
vous posséderiez
ils posséderaient

PAST

j'aurais possédé
tu aurais possédé
il aurait possédé
nous aurions possédé
vous auriez possédé
ils auraient possédé

SUBJUNCTIVE
PRESENT

je possède
tu possèdes
il possède
nous possédions
vous possédiez
ils possèdent

IMPERFECT

je possédasse
tu possédasses
il possédât
nous possédassions
vous possédassiez
ils possédassent

PERFECT

j'aie possédé
tu aies possédé
il ait possédé
nous ayons possédé
vous ayez possédé
ils aient possédé

INFINITIVE
PRESENT

posséder

PAST

avoir possédé

PARTICIPLE
PRESENT

possédant

PAST

possédé

POURVOIR
to provide

PRESENT	IMPERFECT	FUTURE
je pourvois	je pourvoyais	je pourvoirai
tu pourvois	tu pourvoyais	tu pourvoiras
il pourvoit	il pourvoyait	il pourvoira
nous pourvoyons11	nous pourvoyions	nous pourvoirons
vous pourvoyez	vous pourvoyiez	vous pourvoirez
ils pourvoient	ils pourvoyaient	ils pourvoiront

PAST HISTORIC	PERFECT	PLUPERFECT
je pourvus	j'ai pourvu	j'avais pourvu
tu pourvus	tu as pourvu	tu avais pourvu
il pourvut	il a pourvu	il avait pourvu
nous pourvûmes	nous avons pourvu	nous avions pourvu
vous pourvûtes	vous avez pourvu	vous aviez pourvu
ils pourvurent	ils ont pourvu	ils avaient pourvu

PAST ANTERIOR	FUTURE PERFECT
j'eus pourvu etc	j'aurai pourvu etc

IMPERATIVE	CONDITIONAL	
	PRESENT	PAST
pourvois	je pourvoirais	j'aurais pourvu
pourvoyons	tu pourvoirais	tu aurais pourvu
pourvoyez	il pourvoirait	il aurait pourvu
	nous pourvoirions	nous aurions pourvu
	vous pourvoiriez	vous auriez pourvu
	ils pourvoiraient	ils auraient pourvu

SUBJUNCTIVE		
PRESENT	IMPERFECT	PERFECT
je pourvoie	je pourvusse	j'aie pourvu
tu pourvoies	tu pourvusses	tu aies pourvu
il pourvoie	il pourvût	il ait pourvu
nous pourvoyions	nous pourvussions	nous ayons pourvu
vous pourvoyiez	vous pourvussiez	vous ayez pourvu
ils pourvoient	ils pourvussent	ils aient pourvu

INFINITIVE	PARTICIPLE
PRESENT	PRESENT
pourvoir	pourvoyant
PAST	PAST
avoir pourvu	pourvu

POUSSER
to push

PRESENT	**IMPERFECT**	**FUTURE**
je pousse	je poussais	je pousserai
tu pousses	tu poussais	tu pousseras
il pousse	il poussait	il poussera
nous poussons	nous poussions	nous pousserons
vous poussez	vous poussiez	vous pousserez
ils poussent	ils poussaient	ils pousseront

PAST HISTORIC	**PERFECT**	**PLUPERFECT**
je poussai	j'ai poussé	j'avais poussé
tu poussas	tu as poussé	tu avais poussé
il poussa	il a poussé	il avait poussé
nous poussâmes	nous avons poussé	nous avions poussé
vous poussâtes	vous avez poussé	vous aviez poussé
ils poussèrent	ils ont poussé	ils avaient poussé

PAST ANTERIOR	**FUTURE PERFECT**
j'eus poussé etc	j'aurai poussé etc

IMPERATIVE	*CONDITIONAL*	
	PRESENT	**PAST**
pousse	je pousserais	j'aurais poussé
poussons	tu pousserais	tu aurais poussé
poussez	il pousserait	il aurait poussé
	nous pousserions	nous aurions poussé
	vous pousseriez	vous auriez poussé
	ils pousseraient	ils auraient poussé

SUBJUNCTIVE		
PRESENT	**IMPERFECT**	**PERFECT**
je pousse	je poussasse	j'aie poussé
tu pousses	tu poussasses	tu aies poussé
il pousse	il poussât	il ait poussé
nous poussions	nous poussassions	nous ayons poussé
vous poussiez	vous poussassiez	vous ayez poussé
ils poussent	ils poussassent	ils aient poussé

INFINITIVE	*PARTICIPLE*
PRESENT	**PRESENT**
pousser	poussant
PAST	**PAST**
avoir poussé	poussé

POUVOIR
to be able to

PRESENT	IMPERFECT	FUTURE
je peux	je pouvais	je pourrai
tu peux	tu pouvais	tu pourras
il peut	il pouvait	il pourra
nous pouvons	nous pouvions	nous pourrons
vous pouvez	vous pouviez	vous pourrez
ils peuvent	ils pouvaient	ils pourront

PAST HISTORIC	PERFECT	PLUPERFECT
je pus	j'ai pu	j'avais pu
tu pus	tu as pu	tu avais pu
il put	il a pu	il avait pu
nous pûmes	nous avons pu	nous avions pu
vous pûtes	vous avez pu	vous aviez pu
ils purent	ils ont pu	ils avaient pu

PAST ANTERIOR	FUTURE PERFECT
j'eus pu etc	j'aurai pu etc

IMPERATIVE	CONDITIONAL	
	PRESENT	PAST
	je pourrais	j'aurais pu
	tu pourrais	tu aurais pu
	il pourrait	il aurait pu
	nous pourrions	nous aurions pu
	vous pourriez	vous auriez pu
	ils pourraient	ils auraient pu

SUBJUNCTIVE

PRESENT	IMPERFECT	PERFECT
je puisse	je pusse	j'aie pu
tu puisses	tu pusses	tu aies pu
il puisse	il pût	il ait pu
nous puissions	nous pussions	nous ayons pu
vous puissiez	vous pussiez	vous ayez pu
ils puissent	ils pussent	ils aient pu

INFINITIVE	PARTICIPLE
PRESENT	PRESENT
pouvoir	pouvant
PAST	PAST
avoir pu	pu

PREFERER
to prefer

PRESENT	IMPERFECT	FUTURE
je préfère	je préférais	je préférerai
tu préfères	tu préférais	tu préféreras
il préfère	il préférait	il préférera
nous préférons	nous préférions	nous préférerons
vous préférez	vous préfériez	vous préférerez
ils préfèrent	ils préféraient	ils préféreront

PAST HISTORIC	PERFECT	PLUPERFECT
je préférai	j'ai préféré	j'avais préféré
tu préféras	tu as préféré	tu avais préféré
il préféra	il a préféré	il avait préféré
nous préférâmes	nous avons préféré	nous avions préféré
vous préférâtes	vous avez préféré	vous aviez préféré
ils préférèrent	ils ont préféré	ils avaient préféré

PAST ANTERIOR	FUTURE PERFECT
j'eus préféré etc	j'aurai préféré etc

IMPERATIVE	CONDITIONAL	
	PRESENT	PAST
préfère	je préférerais	j'aurais préféré
préférons	tu préférerais	tu aurais préféré
préférez	il préférerait	il aurait préféré
	nous préférerions	nous aurions préféré
	vous préféreriez	vous auriez préféré
	ils préféreraient	ils auraient préféré

SUBJUNCTIVE

PRESENT	IMPERFECT	PERFECT
je préfère	je préférasse	j'aie préféré
tu préfères	tu préférasses	tu aies préféré
il préfère	il préférât	il ait préféré
nous préférions	nous préférassions	nous ayons préféré
vous préfériez	vous préférassiez	vous ayez préféré
ils préfèrent	ils préférassent	ils aient préféré

INFINITIVE	PARTICIPLE
PRESENT	PRESENT
préférer	préférant
PAST	PAST
avoir préféré	préféré

PRENDRE
to take

PRESENT	IMPERFECT	FUTURE
je prends	je prenais	je prendrai
tu prends	tu prenais	tu prendras
il prend	il prenait	il prendra
nous prenons	nous prenions	nous prendrons
vous prenez	vous preniez	vous prendrez
ils prennent	ils prenaient	ils prendront

PAST HISTORIC	PERFECT	PLUPERFECT
je pris	j'ai pris	j'avais pris
tu pris	tu as pris	tu avais pris
il prit	il a pris	il avait pris
nous prîmes	nous avons pris	nous avions pris
vous prîtes	vous avez pris	vous aviez pris
ils prirent	ils ont pris	ils avaient pris

PAST ANTERIOR	FUTURE PERFECT
j'eus pris etc	j'aurai pris etc

IMPERATIVE	CONDITIONAL	
	PRESENT	PAST
prends	je prendrais	j'aurais pris
prenons	tu prendrais	tu aurais pris
prenez	il prendrait	il aurait pris
	nous prendrions	nous aurions pris
	vous prendriez	vous auriez pris
	ils prendraient	ils auraient pris

SUBJUNCTIVE

PRESENT	IMPERFECT	PERFECT
je prenne	je prisse	j'aie pris
tu prennes	tu prisses	tu aies pris
il prenne	il prît	il ait pris
nous prenions	nous prissions	nous ayons pris
vous preniez	vous prissiez	vous ayez pris
ils prennent	ils prissent	ils aient pris

INFINITIVE	PARTICIPLE
PRESENT	PRESENT
prendre	prenant
PAST	PAST
avoir pris	pris

PRESENT	**IMPERFECT**	**FUTURE**
je prévaux	je prévalais	je prévaudrai
tu prévaux	tu prévalais	tu prévaudras
il prévaut	il prévalait	il prévaudra
nous prévalons	nous prévalions	nous prévaudrons
vous prévalez	vous prévaliez	vous prévaudrez
ils prévalent	ils prévalaient	ils prévaudront

PAST HISTORIC	**PERFECT**	**PLUPERFECT**
je prévalus	j'ai prévalu	j'avais prévalu
tu prévalus	tu as prévalu	tu avais prévalu
il prévalut	il a prévalu	il avait prévalu
nous prévalûmes	nous avons prévalu	nous avions prévalu
vous prévalûtes	vous avez prévalu	vous aviez prévalu
ils prévalurent	ils ont prévalu	ils avaient prévalu

PAST ANTERIOR	**FUTURE PERFECT**
j'eus prévalu etc	j'aurai prévalu etc

IMPERATIVE	*CONDITIONAL*	
	PRESENT	**PAST**
prévaux	je prévaudrais	j'aurais prévalu
prévalons	tu prévaudrais	tu aurais prévalu
prévalez	il prévaudrait	il aurait prévalu
	nous prévaudrions	nous aurions prévalu
	vous prévaudriez	vous auriez prévalu
	ils prévaudraient	ils auraient prévalu

SUBJUNCTIVE		
PRESENT	**IMPERFECT**	**PERFECT**
je prévale	je prévalusse	j'aie prévalu
tu prévales	tu prévalusses	tu aies prévalu
il prévale	il prévalût	il ait prévalu
nous prévalions	nous prévalussions	nous ayons prévalu
vous prévaliez	vous prévalussiez	vous ayez prévalu
ils prévalent	ils prévalussent	ils aient prévalu

INFINITIVE	*PARTICIPLE*
PRESENT	**PRESENT**
prévaloir	prévalant
PAST	**PAST**
avoir prévalu	prévalu

159 **PREVENIR**
to warn

PRESENT	IMPERFECT	FUTURE
je préviens	je prévenais	je préviendrai
tu préviens	tu prévenais	tu préviendras
il prévient	il prévenait	il préviendra
nous prévenons	nous prévenions	nous préviendrons
vous prévenez	vous préveniez	vous préviendrez
ils préviennent	ils prévenaient	ils préviendront

PAST HISTORIC	PERFECT	PLUPERFECT
je prévins	j'ai prévenu	j'avais prévenu
tu prévins	tu as prévenu	tu avais prévenu
il prévint	il a prévenu	il avait prévenu
nous prévînmes	nous avons prévenu	nous avions prévenu
vous prévîntes	vous avez prévenu	vous aviez prévenu
ils prévinrent	ils ont prévenu	ils avaient prévenu

PAST ANTERIOR	FUTURE PERFECT
j'eus prévenu etc	j'aurai prévenu etc

IMPERATIVE	CONDITIONAL	
	PRESENT	PAST
préviens	je préviendrais	j'aurais prévenu
prévenons	tu préviendrais	tu aurais prévenu
prévenez	il préviendrait	il aurait prévenu
	nous préviendrions	nous aurions prévenu
	vous préviendriez	vous auriez prévenu
	ils préviendraient	ils auraient prévenu

SUBJUNCTIVE

PRESENT	IMPERFECT	PERFECT
je prévienne	je prévinsse	j'aie prévenu
tu préviennes	tu prévinsses	tu aies prévenu
il prévienne	il prévînt	il ait prévenu
nous prévenions	nous prévinssions	nous ayons prévenu
vous préveniez	vous prévinssiez	vous ayez prévenu
ils préviennent	ils prévinssent	ils aient prévenu

INFINITIVE	PARTICIPLE	NOTE
PRESENT	PRESENT	convenir: takes auxiliary
prévenir	prévenant	être when it means 'to agree'
PAST	PAST	
avoir prévenu	prévenu	

PREVOIR
to foresee

PRESENT	IMPERFECT	FUTURE
je prévois	je prévoyais	je prévoirai
tu prévois	tu prévoyais	tu prévoiras
il prévoit	il prévoyait	il prévoira
nous prévoyons	nous prévoyions	nous prévoirons
vous prévoyez	vous prévoyiez	vous prévoirez
ils prévoient	ils prévoyaient	ils prévoiront

PAST HISTORIC	PERFECT	PLUPERFECT
je prévis	j'ai prévu	j'avais prévu
tu prévis	tu as prévu	tu avais prévu
il prévit	il a prévu	il avait prévu
nous prévîmes	nous avons prévu	nous avions prévu
vous prévîtes	vous avez prévu	vous aviez prévu
ils prévirent	ils ont prévu	ils avaient prévu

PAST ANTERIOR	FUTURE PERFECT
j'eus prévu etc	j'aurai prévu etc

IMPERATIVE	CONDITIONAL	
	PRESENT	PAST
prévois	je prévoirais	j'aurais prévu
prévoyons	tu prévoirais	tu aurais prévu
prévoyez	il prévoirait	il aurait prévu
	nous prévoirions	nous aurions prévu
	vous prévoiriez	vous auriez prévu
	ils prévoiraient	ils auraient prévu

SUBJUNCTIVE

PRESENT	IMPERFECT	PERFECT
je prévoie	je prévisse	j'aie prévu
tu prévoies	tu prévisses	tu aies prévu
il prévoie	il prévît	il ait prévu
nous prévoyions	nous prévissions	nous ayons prévu
vous prévoyiez	vous prévissiez	vous ayez prévu
ils prévoient	ils prévissent	ils aient prévu

INFINITIVE	PARTICIPLE
PRESENT	PRESENT
prévoir	prévoyant
PAST	PAST
avoir prévu	prévu

PROMETTRE
to promise

PRESENT	**IMPERFECT**	**FUTURE**
je promets	je promettais	je promettrai
tu promets	tu promettais	tu promettras
il promet	il promettait	il promettra
nous promettons	nous promettions	nous promettrons
vous promettez	vous promettiez	vous promettrez
ils promettent	ils promettaient	ils promettront

PAST HISTORIC	**PERFECT**	**PLUPERFECT**
je promis	j'ai promis	j'avais promis
tu promis	tu as promis	tu avais promis
il promit	il a promis	il avait promis
nous promîmes	nous avons promis	nous avions promis
vous promîtes	vous avez promis	vous aviez promis
ils promirent	ils ont promis	ils avaient promis

PAST ANTERIOR	**FUTURE PERFECT**
j'eus promis etc	j'aurai promis etc

IMPERATIVE	*CONDITIONAL*	
	PRESENT	**PAST**
promets	je promettrais	j'aurais promis
promettons	tu promettrais	tu aurais promis
promettez	il promettrait	il aurait promis
	nous promettrions	nous aurions promis
	vous promettriez	vous auriez promis
	ils promettraient	ils auraient promis

SUBJUNCTIVE		
PRESENT	**IMPERFECT**	**PERFECT**
je promette	je promisse	j'aie promis
tu promettes	tu promisses	tu aies promis
il promette	il promît	il ait promis
nous promettions	nous promissions	nous ayons promis
vous promettiez	vous promissiez	vous ayez promis
ils promettent	ils promissent	ils aient promis

INFINITIVE	*PARTICIPLE*
PRESENT	**PRESENT**
promettre	promettant
PAST	**PAST**
avoir promis	promis

PROMOUVOIR
to promote

PRESENT	IMPERFECT	FUTURE

PAST HISTORIC	PERFECT	PLUPERFECT
	j'ai promu	j'avais promu
	tu as promu	tu avais promu
	il a promu	il avait promu
	nous avons promu	nous avions promu
	vous avez promu	vous aviez promu
	ils ont promu	ils avaient promu

PAST ANTERIOR	FUTURE PERFECT
j'eus promu etc	j'aurai promu etc

IMPERATIVE	*CONDITIONAL*	
	PRESENT	PAST
		j'aurais promu
		tu aurais promu
		il aurait promu
		nous aurions promu
		vous auriez promu
		ils auraient promu

SUBJUNCTIVE		
PRESENT	IMPERFECT	PERFECT
		j'aie promu
		tu aies promu
		il ait promu
		nous ayons promu
		vous ayez promu
		ils aient promu

INFINITIVE	*PARTICIPLE*
PRESENT	PRESENT
promouvoir	promouvant
PAST	PAST
avoir promu	promu

PROTEGER
to protect

PRESENT	IMPERFECT	FUTURE
je protège	je protégeais	je protégerai
tu protèges	tu protégeais	tu protégeras
il protège	il protégeait	il protégera
nous protégeons	nous protégions	nous protégerons
vous protégez	vous protégiez	vous protégerez
ils protègent	ils protégeaient	ils protégeront

PAST HISTORIC	PERFECT	PLUPERFECT
je protégeai	j'ai protégé	j'avais protégé
tu protégeas	tu as protégé	tu avais protégé
il protégea	il a protégé	il avait protégé
nous protégeâmes	nous avons protégé	nous avions protégé
vous protégeâtes	vous avez protégé	vous aviez protégé
ils protégèrent	ils ont protégé	ils avaient protégé

PAST ANTERIOR	FUTURE PERFECT
j'eus protégé etc	j'aurai protégé etc

IMPERATIVE	*CONDITIONAL*	
	PRESENT	PAST
protège	je protégerais	j'aurais protégé
protégeons	tu protégerais	tu aurais protégé
protégez	il protégerait	il aurait protégé
	nous protégerions	nous aurions protégé
	vous protégeriez	vous auriez protégé
	ils protégeraient	ils auraient protégé

SUBJUNCTIVE

PRESENT	IMPERFECT	PERFECT
je protège	je protégeasse	j'aie protégé
tu protèges	tu protégeasses	tu aies protégé
il protège	il protégeât	il ait protégé
nous protégions	nous protégeassions	nous ayons protégé
vous protégiez	vous protégeassiez	vous ayez protégé
ils protègent	ils protégeassent	ils aient protégé

INFINITIVE	*PARTICIPLE*
PRESENT	PRESENT
protéger	protégeant
PAST	PAST
avoir protégé	protégé

to stink

PRESENT	IMPERFECT	FUTURE
je pue	je puais	je puerai
tu pues	tu puais	tu pueras
il pue	il puait	il puera
nous puons	nous puions	nous puerons
vous puez	vous puiez	vous puerez
ils puent	ils puaient	ils pueront

PAST HISTORIC	PERFECT	PLUPERFECT
	j'ai pué	j'avais pué
	tu as pué	tu avais pué
	il a pué	il avait pué
	nous avons pué	nous avions pué
	vous avez pué	vous aviez pué
	ils ont pué	ils avaient pué

PAST ANTERIOR	FUTURE PERFECT
j'eus pué etc	j'aurai pué etc

IMPERATIVE	*CONDITIONAL*	
	PRESENT	PAST
	je puerais	j'aurais pué
	tu puerais	tu aurais pué
	il puerait	il aurait pué
	nous puerions	nous aurions pué
	vous pueriez	vous auriez pué
	ils pueraient	ils auraient pué

SUBJUNCTIVE		
PRESENT	IMPERFECT	PERFECT
je pue		j'aie pué
tu pues		tu aies pué
il pue		il ait pué
nous puions		nous ayons pué
vous puiez		vous ayez pué
ils puent		ils aient pué

INFINITIVE	*PARTICIPLE*
PRESENT	PRESENT
puer	puant
PAST	PAST
avoir pué	pué

165 RAPIECER
to mend

PRESENT	IMPERFECT	FUTURE
je rapièce	je rapiéçais	je rapiécerai
tu rapièces	tu rapiéçais	tu rapiéceras
il rapièce	il rapiéçait	il rapiécera
nous rapiéçons	nous rapiécions	nous rapiécerons
vous rapiécez	vous rapiéciez	vous rapiécerez
ils rapiècent	ils rapiéçaient	ils rapiéceront

PAST HISTORIC	PERFECT	PLUPERFECT
je rapiéçai	j'ai rapiécé	j'avais rapiécé
tu rapiéças	tu as rapiécé	tu avais rapiécé
il rapiéça	il a rapiécé	il avait rapiécé
nous rapiéçâmes	nous avons rapiécé	nous avions rapiécé
vous rapiéçâtes	vous avez rapiécé	vous aviez rapiécé
ils rapiécèrent	ils ont rapiécé	ils avaient rapiécé

PAST ANTERIOR	FUTURE PERFECT
j'eus rapiécé etc	j'aurai rapiécé etc

IMPERATIVE	CONDITIONAL	
	PRESENT	PAST
rapièce	je rapiécerais	j'aurais rapiécé
rapiéçons	tu rapiécerais	tu aurais rapiécé
rapiécez	il rapiécerait	il aurait rapiécé
	nous rapiécerions	nous aurions rapiécé
	vous rapiéceriez	vous auriez rapiécé
	ils rapiéceraient	ils auraient rapiécé

SUBJUNCTIVE		
PRESENT	IMPERFECT	PERFECT
je rapièce	je rapiéçasse	j'aie rapiécé
tu rapièces	tu rapiéçasses	tu aies rapiécé
il rapièce	il rapiéçât	il ait rapiécé
nous rapiécions	nous rapiéçassions	nous ayons rapiécé
vous rapiéciez	vous rapiéçassiez	vous ayez rapiécé
ils rapiècent	ils rapiéçassent	ils aient rapiécé

INFINITIVE	PARTICIPLE
PRESENT	PRESENT
rapiécer	rapiéçant
PAST	PAST
avoir rapiécé	rapiécé

to receive

PRESENT	IMPERFECT	FUTURE
je reçois	je recevais	je recevrai
tu reçois	tu recevais	tu recevras
il reçoit	il recevait	il recevra
nous recevons	nous recevions	nous recevrons
vous recevez	vous receviez	vous recevrez
ils reçoivent	ils recevaient	ils recevront

PAST HISTORIC	PERFECT	PLUPERFECT
je reçus	j'ai reçu	j'avais reçu
tu reçus	tu as reçu	tu avais reçu
il reçut	il a reçu	il avait reçu
nous reçûmes	nous avons reçu	nous avions reçu
vous reçûtes	vous avez reçu	vous aviez reçu
ils reçurent	ils ont reçu	ils avaient reçu

PAST ANTERIOR	FUTURE PERFECT
j'eus reçu etc	j'aurai reçu etc

IMPERATIVE	CONDITIONAL	
	PRESENT	PAST
reçois	je recevrais	j'aurais reçu
recevons	tu recevrais	tu aurais reçu
recevez	il recevrait	il aurait reçu
	nous recevrions	nous aurions reçu
	vous recevriez	vous auriez reçu
	ils recevraient	ils auraient reçu

SUBJUNCTIVE		
PRESENT	IMPERFECT	PERFECT
je reçoive	je reçusse	j'aie reçu
tu reçoives	tu reçusses	tu aies reçu
il reçoive	il reçût	il ait reçu
nous recevions	nous reçussions	nous ayons reçu
vous receviez	vous reçussiez	vous ayez reçu
ils reçoivent	ils reçussent	ils aient reçu

INFINITIVE	PARTICIPLE
PRESENT	PRESENT
recevoir	recevant
PAST	PAST
avoir reçu	reçu

REFRENER
to repress

PRESENT	IMPERFECT	FUTURE
je réfrène	je réfrénais	je réfrénerai
tu réfrènes	tu réfrénais	tu réfréneras
il réfrène	il réfrénait	il réfrénera
nous réfrénons	nous réfrénions	nous réfrénerons
vous réfrénez	vous réfréniez	vous réfrénerez
ils réfrènent	ils réfrénaient	ils réfréneront

PAST HISTORIC	PERFECT	PLUPERFECT
je réfrénai	j'ai réfréné	j'avais réfréné
tu réfrénas	tu as réfréné	tu avais réfréné
il réfréna	il a réfréné	il avait réfréné
nous réfrénâmes	nous avons réfréné	nous avions réfréné
vous réfrénâtes	vous avez réfréné	vous aviez réfréné
ils réfrénèrent	ils ont réfréné	ils avaient réfréné

PAST ANTERIOR	FUTURE PERFECT
j'eus réfréné etc	j'aurai réfréné etc

IMPERATIVE	CONDITIONAL	
	PRESENT	PAST
réfrène	je réfrénerais	j'aurais réfréné
réfrénons	tu réfrénerais	tu aurais réfréné
réfrénez	il réfrénerait	il aurait réfréné
	nous réfrénerions	nous aurions réfréné
	vous réfréneriez	vous auriez réfréné
	ils réfréneraient	ils auraient réfréné

SUBJUNCTIVE

PRESENT	IMPERFECT	PERFECT
je réfrène	je réfrénasse	j'aie réfréné
tu réfrènes	tu réfrénasses	tu aies réfréné
il réfrène	il réfrénât	il ait réfréné
nous réfrénions	nous réfrénassions	nous ayons réfréné
vous réfréniez	vous réfrénassiez	vous ayez réfréné
ils réfrènent	ils réfrénassent	ils aient réfréné

INFINITIVE	PARTICIPLE
PRESENT	PRESENT
réfréner	réfrénant
PAST	PAST
avoir réfréné	réfréné

REGLER
to adjust

PRESENT	**IMPERFECT**	**FUTURE**
je règle	je réglais	je réglerai
tu règles	tu réglais	tu régleras
il règle	il réglait	il réglera
nous réglons	nous réglions	nous réglerons
vous réglez	vous régliez	vous réglerez
ils règlent	ils réglaient	ils régleront

PAST HISTORIC	**PERFECT**	**PLUPERFECT**
je réglai	j'ai réglé	j'avais réglé
tu réglas	tu as réglé	tu avais réglé
il régla	il a réglé	il avait réglé
nous réglâmes	nous avons réglé	nous avions réglé
vous réglâtes	vous avez réglé	vous aviez réglé
ils réglèrent	ils ont réglé	ils avaient réglé

PAST ANTERIOR	**FUTURE PERFECT**
j'eus réglé etc	j'aurai réglé etc

IMPERATIVE	*CONDITIONAL*	
	PRESENT	**PAST**
règle	je réglerais	j'aurais réglé
réglons	tu réglerais	tu aurais réglé
réglez	il réglerait	il aurait réglé
	nous réglerions	nous aurions réglé
	vous régleriez	vous auriez réglé
	ils régleraient	ils auraient réglé

SUBJUNCTIVE

PRESENT	**IMPERFECT**	**PERFECT**
je règle	je réglasse	j'aie réglé
tu règles	tu réglasses	tu aies réglé
il règle	il réglât	il ait réglé
nous réglions	nous réglassions	nous ayons réglé
vous régliez	vous réglassiez	vous ayez réglé
ils règlent	ils réglassent	ils aient réglé

INFINITIVE	*PARTICIPLE*
PRESENT	**PRESENT**
régler	réglant
PAST	**PAST**
avoir réglé	réglé

REGNER
to reign

PRESENT	IMPERFECT	FUTURE
je règne	je régnais	je régnerai
tu règnes	tu régnais	tu régneras
il règne	il régnait	il régnera
nous régnons	nous régnions	nous régnerons
vous régnez	vous régniez	vous régnerez
ils règnent	ils régnaient	ils régneront

PAST HISTORIC	PERFECT	PLUPERFECT
je régnai	j'ai régné	j'avais régné
tu régnas	tu as régné	tu avais régné
il régna	il a régné	il avait régné
nous régnâmes	nous avons régné	nous avions régné
vous régnâtes	vous avez régné	vous aviez régné
ils régnèrent	ils ont régné	ils avaient régné

PAST ANTERIOR	FUTURE PERFECT
j'eus régné etc	j'aurai régné etc

IMPERATIVE	CONDITIONAL	
	PRESENT	PAST
règne	je régnerais	j'aurais régné
régnons	tu régnerais	tu aurais régné
régnez	il régnerait	il aurait régné
	nous régnerions	nous aurions régné
	vous régneriez	vous auriez régné
	ils régneraient	ils auraient régné

SUBJUNCTIVE

PRESENT	IMPERFECT	PERFECT
je règne	je régnasse	j'aie régné
tu règnes	tu régnasses	tu aies régné
il règne	il régnât	il ait régné
nous régnions	nous régnassions	nous ayons régné
vous régniez	vous régnassiez	vous ayez régné
ils règnent	ils régnassent	ils aient régné

INFINITIVE	PARTICIPLE
PRESENT	PRESENT
régner	régnant
PAST	PAST
avoir régné	régné

RENAITRE
to be revived

PRESENT	**IMPERFECT**	**FUTURE**
je renais	je renaissais	je renaîtrai
tu renais	tu renaissais	tu renaîtras
il renaît	il renaissait	il renaîtra
nous renaissons	nous renaissions	nous renaîtrons
vous renaissez	vous renaissiez	vous renaîtrez
ils renaissent	ils renaissaient	ils renaîtront

PAST HISTORIC	**PERFECT**	**PLUPERFECT**
je renaquis		
tu renaquis		
il renaquit		
nous renaquîmes		
vous renaquîtes		
ils renaquirent		

PAST ANTERIOR	**FUTURE PERFECT**	

IMPERATIVE	*CONDITIONAL*	
	PRESENT	**PAST**
renais	je renaîtrais	
renaissons	tu renaîtrais	
renaissez	il renaîtrait	
	nous renaîtrions	
	vous renaîtriez	
	ils renaîtraient	

SUBJUNCTIVE		
PRESENT	**IMPERFECT**	**PERFECT**
je renaisse	je renaquisse	
tu renaisses	tu renaquisses	
il renaisse	il renaquît	
nous renaissions	nous renaquissions	
vous renaissiez	vous renaquissiez	
ils renaissent	ils renaquissent	

INFINITIVE	*PARTICIPLE*
PRESENT	**PRESENT**
renaître	renaissant
PAST	**PAST**

RENDRE
to give back

PRESENT	IMPERFECT	FUTURE
je rends	je rendais	je rendrai
tu rends	tu rendais	tu rendras
il rend	il rendait	il rendra
nous rendons	nous rendions	nous rendrons
vous rendez	vous rendiez	vous rendrez
ils rendent	ils rendaient	ils rendront

PAST HISTORIC	PERFECT	PLUPERFECT
je rendis	j'ai rendu	j'avais rendu
tu rendis	tu as rendu	tu avais rendu
il rendit	il a rendu	il avait rendu
nous rendîmes	nous avons rendu	nous avions rendu
vous rendîtes	vous avez rendu	vous aviez rendu
ils rendirent	ils ont rendu	ils avaient rendu

PAST ANTERIOR	FUTURE PERFECT
j'eus rendu etc	j'aurai rendu etc

IMPERATIVE	CONDITIONAL	
	PRESENT	PAST
rends	je rendrais	j'aurais rendu
rendons	tu rendrais	tu aurais rendu
rendez	il rendrait	il aurait rendu
	nous rendrions	nous aurions rendu
	vous rendriez	vous auriez rendu
	ils rendraient	ils auraient rendu

SUBJUNCTIVE

PRESENT	IMPERFECT	PERFECT
je rende	je rendisse	j'aie rendu
tu rendes	tu rendisses	tu aies rendu
il rende	il rendît	il ait rendu
nous rendions	nous rendissions	nous ayons rendu
vous rendiez	vous rendissiez	vous ayez rendu
ils rendent	ils rendissent	ils aient rendu

INFINITIVE	PARTICIPLE
PRESENT	PRESENT
rendre	rendant
PAST	PAST
avoir rendu	rendu

to go home, to go in

PRESENT

je rentre
tu rentres
il rentre
nous rentrons
vous rentrez
ils rentrent

IMPERFECT

je rentrais
tu rentrais
il rentrait
nous rentrions
vous rentriez
ils rentraient

FUTURE

je rentrerai
tu rentreras
il rentrera
nous rentrerons
vous rentrerez
ils rentreront

PAST HISTORIC

je rentrai
tu rentras
il rentra
nous rentrâmes
vous rentrâtes
ils rentrèrent

PERFECT

je suis rentré
tu es rentré
il est rentré
nous sommes rentrés
vous êtes rentré(s)
ils sont rentrés

PLUPERFECT

j'étais rentré
tu étais rentré
il était rentré
nous étions rentrés
vous étiez rentré(s)
ils étaient rentrés

PAST ANTERIOR

je fus rentré etc

FUTURE PERFECT

je serai rentré etc

IMPERATIVE

rentre
rentrons
rentrez

CONDITIONAL

PRESENT

je rentrerais
tu rentrerais
il rentrerait
nous rentrerions
vous rentreriez
ils rentreraient

PAST

je serais rentré
tu serais rentré
il serait rentré
nous serions rentrés
vous seriez rentré(s)
ils seraient rentrés

SUBJUNCTIVE

PRESENT

je rentre
tu rentres
il rentre
nous rentrions
vous rentriez
ils rentrent

IMPERFECT

je rentrasse
tu rentrasses
il rentrât
nous rentrassions
vous rentrassiez
ils rentrassent

PERFECT

je sois rentré
tu sois rentré
il soit rentré
nous soyons rentrés
vous soyez rentré(s)
ils soient rentrés

INFINITIVE

PRESENT

rentrer

PAST

être rentré

PARTICIPLE

PRESENT

rentrant

PAST

rentré

NOTE

auxiliary avoir *when transitive*

RÉPANDRE
to spread

PRESENT	IMPERFECT	FUTURE
je répands	je répandais	je répandrai
tu répands	tu répandais	tu répandras
il répand	il répandait	il répandra
nous répandons	nous répandions	nous répandrons
vous répandez	vous répandiez	vous répandrez
ils répandent	ils répandaient	ils répandront

PAST HISTORIC	PERFECT	PLUPERFECT
je répandis	j'ai répandu	j'avais répandu
tu répandis	tu as répandu	tu avais répandu
il répandit	il a répandu	il avait répandu
nous répandîmes	nous avons répandu	nous avions répandu
vous répandîtes	vous avez répandu	vous aviez répandu
ils répandirent	ils ont répandu	ils avaient répandu

PAST ANTERIOR	FUTURE PERFECT
j'eus répandu etc	j'aurai répandu etc

IMPERATIVE	*CONDITIONAL*	
	PRESENT	PAST
répands	je répandrais	j'aurais répandu
répandons	tu répandrais	tu aurais répandu
répandez	il répandrait	il aurait répandu
	nous répandrions	nous aurions répandu
	vous répandriez	vous auriez répandu
	ils répandraient	ils auraient répandu

SUBJUNCTIVE

PRESENT	IMPERFECT	PERFECT
je répande	je répandisse	j'aie répandu
tu répandes	tu répandisses	tu aies répandu
il répande	il répandît	il ait répandu
nous répandions	nous répandissions	nous ayons répandu
vous répandiez	vous répandissiez	vous ayez répandu
ils répandent	ils répandissent	ils aient répandu

INFINITIVE	*PARTICIPLE*
PRESENT	PRESENT
répandre	répandant
PAST	PAST
avoir répandu	répandu

REPONDRE
to answer

PRESENT	IMPERFECT	FUTURE
je réponds	je répondais	je répondrai
tu réponds	tu répondais	tu répondras
il répond	il répondait	il répondra
nous répondons	nous répondions	nous répondrons
vous répondez	vous répondiez	vous répondrez
ils répondent	ils répondaient	ils répondront

PAST HISTORIC	PERFECT	PLUPERFECT
je répondis	j'ai répondu	j'avais répondu
tu répondis	tu as répondu	tu avais répondu
il répondit	il a répondu	il avait répondu
nous répondîmes	nous avons répondu	nous avions répondu
vous répondîtes	vous avez répondu	vous aviez répondu
ils répondirent	ils ont répondu	ils avaient répondu

PAST ANTERIOR	FUTURE PERFECT
j'eus répondu etc	j'aurai répondu etc

IMPERATIVE	*CONDITIONAL*	
	PRESENT	PAST
réponds	je répondrais	j'aurais répondu
répondons	tu répondrais	tu aurais répondu
répondez	il répondrait	il aurait répondu
	nous répondrions	nous aurions répondu
	vous répondriez	vous auriez répondu
	ils répondraient	ils auraient répondu

SUBJUNCTIVE

PRESENT	IMPERFECT	PERFECT
je réponde	je répondisse	j'aie répondu
tu répondes	tu répondisses	tu aies répondu
il réponde	il répondît	il ait répondu
nous répondions	nous répondissions	nous ayons répondu
vous répondiez	vous répondissiez	vous ayez répondu
ils répondent	ils répondissent	ils aient répondu

INFINITIVE	*PARTICIPLE*
PRESENT	PRESENT
répondre	répondant
PAST	PAST
avoir répondu	répondu

RESOUDRE
to solve

PRESENT

je résous
tu résous
il résout
nous résolvons
vous résolvez
ils résolvent

IMPERFECT

je résolvais
tu résolvais
il résolvait
nous résolvions
vous résolviez
ils résolvaient

FUTURE

je résoudrai
tu résoudras
il résoudra
nous résoudrons
vous résoudrez
ils résoudront

PAST HISTORIC

je résolus
tu résolus
il résolut
nous résolûmes
vous résolûtes
ils résolurent

PERFECT

j'ai résolu
tu as résolu
il a résolu
nous avons résolu
vous avez résolu
ils ont résolu

PLUPERFECT

j'avais résolu
tu avais résolu
il avait résolu
nous avions résolu
vous aviez résolu
ils avaient résolu

PAST ANTERIOR

j'eus résolu etc

FUTURE PERFECT

j'aurai résolu etc

IMPERATIVE

résous
résolvons
résolvez

CONDITIONAL

PRESENT

je résoudrais
tu résoudrais
il résoudrait
nous résoudrions
vous résoudriez
ils résoudraient

PAST

j'aurais résolu
tu aurais résolu
il aurait résolu
nous aurions résolu
vous auriez résolu
ils auraient résolu

SUBJUNCTIVE

PRESENT

je résolve
tu résolves
il résolve
nous résolvions
vous résolviez
ils résolvent

IMPERFECT

je résolusse
tu résolusses
il résolût
nous résolussions
vous résolussiez
ils résolussent

PERFECT

j'aie résolu
tu aies résolu
il ait résolu
nous ayons résolu
vous ayez résolu
ils aient résolu

INFINITIVE

PRESENT

résoudre

PAST

avoir résolu

PARTICIPLE

PRESENT

résolvant

PAST

résolu

PRESENT	**IMPERFECT**	**FUTURE**
je reste	je restais	je resterai
tu restes	tu restais	tu resteras
il reste	il restait	il restera
nous restons	nous restions	nous resterons
vous restez	vous restiez	vous resterez
ils restent	ils restaient	ils resteront

PAST HISTORIC	**PERFECT**	**PLUPERFECT**
je restai	je suis resté	j'étais resté
tu restas	tu es resté	tu étais resté
il resta	il est resté	il était resté
nous restâmes	nous sommes restés	nous étions restés
vous restâtes	vous êtes resté(s)	vous étiez resté(s)
ils restèrent	ils sont restés	ils étaient restés

PAST ANTERIOR	**FUTURE PERFECT**
je fus resté etc	je serai resté etc

IMPERATIVE	*CONDITIONAL*	
	PRESENT	**PAST**
reste	je resterais	je serais resté
restons	tu resterais	tu serais resté
restez	il resterait	il serait resté
	nous resterions	nous serions restés
	vous resteriez	vous seriez resté(s)
	ils resteraient	ils seraient restés

SUBJUNCTIVE		
PRESENT	**IMPERFECT**	**PERFECT**
je reste	je restasse	je sois resté
tu restes	tu restasses	tu sois resté
il reste	il restât	il soit resté
nous restions	nous restassions	nous soyons restés
vous restiez	vous restassiez	vous soyez resté(s)
ils restent	ils restassent	ils soient restés

INFINITIVE	*PARTICIPLE*
PRESENT	**PRESENT**
rester	restant
PAST	**PAST**
être resté	resté

RETOURNER
to return

PRESENT	IMPERFECT	FUTURE
je retourne	je retournais	je retournerai
tu retournes	tu retournais	tu retourneras
il retourne	il retournait	il retournera
nous retournons	nous retournions	nous retournerons
vous retournez	vous retourniez	vous retournerez
ils retournent	ils retournaient	ils retourneront

PAST HISTORIC	PERFECT	PLUPERFECT
je retournai	je suis retourné	j'étais retourné
tu retournas	tu es retourné	tu étais retourné
il retourna	il est retourné	il était retourné
nous retournâmes	nous sommes retournés	nous étions retournés
vous retournâtes	vous êtes retourné(s)	vous étiez retourné(s)
ils retournèrent	ils sont retournés	ils étaient retournés

PAST ANTERIOR	FUTURE PERFECT
je fus retourné etc	je serai retourné etc

IMPERATIVE	*CONDITIONAL*	
	PRESENT	PAST
retourne	je retournerais	je serais retourné
retournons	tu retournerais	tu serais retourné
retournez	il retournerait	il serait retourné
	nous retournerions	nous serions retournés
	vous retourneriez	vous seriez retourné(s)
	ils retourneraient	ils seraient retournés

SUBJUNCTIVE

PRESENT	IMPERFECT	PERFECT
je retourne	je retournasse	je sois retourné
tu retournes	tu retournasses	tu sois retourné
il retourne	il retournât	il soit retourné
nous retournions	nous retournassions	nous soyons retournés
vous retourniez	vous retournassiez	vous soyez retourné(s)
ils retournent	ils retournassent	ils soient retournés

INFINITIVE	*PARTICIPLE*	*NOTE*
PRESENT	PRESENT	*auxiliary* avoir *when transitive*
retourner	retournant	
PAST	PAST	
être retourné	retourné	

to reveal

PRESENT	IMPERFECT	FUTURE
je révèle	je révélais	je révélerai
tu révèles	tu révélais	tu révéleras
il révèle	il révélait	il révélera
nous révélons	nous révélions	nous révélerons
vous révélez	vous révéliez	vous révélerez
ils révèlent	ils révélaient	ils révéleront

PAST HISTORIC	PERFECT	PLUPERFECT
je révélai	j'ai révélé	j'avais révélé
tu révélas	tu as révélé	tu avais révélé
il révéla	il a révélé	il avait révélé
nous révélâmes	nous avons révélé	nous avions révélé
vous révélâtes	vous avez révélé	vous aviez révélé
ils révélèrent	ils ont révélé	ils avaient révélé

PAST ANTERIOR	FUTURE PERFECT
j'eus révélé etc	j'aurai révélé etc

IMPERATIVE	*CONDITIONAL*	
	PRESENT	PAST
révèle	je révélerais	j'aurais révélé
révélons	tu révélerais	tu aurais révélé
révélez	il révélerait	il aurait révélé
	nous révélerions	nous aurions révélé
	vous révéleriez	vous auriez révélé
	ils révéleraient	ils auraient révélé

SUBJUNCTIVE

PRESENT	IMPERFECT	PERFECT
je révèle	je révélasse	j'aie révélé
tu révèles	tu révélasses	tu aies révélé
il révèle	il révélât	il ait révélé
nous révélions	nous révélassions	nous ayons révélé
vous révéliez	vous révélassiez	vous ayez révélé
ils révèlent	ils révélassent	ils aient révélé

INFINITIVE	*PARTICIPLE*
PRESENT	PRESENT
révéler	révélant
PAST	PAST
avoir révélé	révélé

REVENIR
to come back

PRESENT	**IMPERFECT**	**FUTURE**
je reviens	je revenais	je reviendrai
tu reviens	tu revenais	tu reviendras
il revient	il revenait	il reviendra
nous revenons	nous revenions	nous reviendrons
vous revenez	vous reveniez	vous reviendrez
ils reviennent	ils revenaient	ils reviendront

PAST HISTORIC	**PERFECT**	**PLUPERFECT**
je revins	je suis revenu	j'étais revenu
tu revins	tu es revenu	tu étais revenu
il revint	il est revenu	il était revenu
nous revînmes	nous sommes revenus	nous étions revenus
vous revîntes	vous êtes revenu(s)	vous étiez revenu(s)
ils revinrent	ils sont revenus	ils étaient revenus

PAST ANTERIOR	**FUTURE PERFECT**
je fus revenu etc	je serai revenu etc

IMPERATIVE	**CONDITIONAL**	
	PRESENT	**PAST**
reviens	je reviendrais	je serais revenu
revenons	tu reviendrais	tu serais revenu
revenez	il reviendrait	il serait revenu
	nous reviendrions	nous serions revenus
	vous reviendriez	vous seriez revenu(s)
	ils reviendraient	ils seraient revenus

SUBJUNCTIVE

PRESENT	**IMPERFECT**	**PERFECT**
je revienne	je revinsse	je sois revenu
tu reviennes	tu revinsses	tu sois revenu
il revienne	il revînt	il soit revenu
nous revenions	nous revinssions	nous soyons revenus
vous reveniez	vous revinssiez	vous soyez revenu(s)
ils reviennent	ils revinssent	ils soient revenus

INFINITIVE	**PARTICIPLE**
PRESENT	**PRESENT**
revenir	revenant
PAST	**PAST**
être revenu	revenu

RIRE
to laugh

PRESENT	**IMPERFECT**	**FUTURE**
je ris	je riais	je rirai
tu ris	tu riais	tu riras
il rit	il riait	il rira
nous rions	nous riions	nous rirons
vous riez	vous riiez	vous rirez
ils rient	ils riaient	ils riront

PAST HISTORIC	**PERFECT**	**PLUPERFECT**
je ris	j'ai ri	j'avais ri
tu ris	tu as ri	tu avais ri
il rit	il a ri	il avait ri
nous rîmes	nous avons ri	nous avions ri
vous rîtes	vous avez ri	vous aviez ri
ils rirent	ils ont ri	ils avaient ri

PAST ANTERIOR	**FUTURE PERFECT**
j'eus ri etc	j'aurai ri etc

IMPERATIVE	*CONDITIONAL*	
	PRESENT	**PAST**
ris	je rirais	j'aurais ri
rions	tu rirais	tu aurais ri
riez	il rirait	il aurait ri
	nous ririons	nous aurions ri
	vous ririez	vous auriez ri
	ils riraient	ils auraient ri

SUBJUNCTIVE		
PRESENT	**IMPERFECT**	**PERFECT**
je rie	je risse	j'aie ri
tu ries	tu risses	tu aies ri
il rie	il rît	il ait ri
nous riions	nous rissions	nous ayons ri
vous riiez	vous rissiez	vous ayez ri
ils rient	ils rissent	ils aient ri

INFINITIVE	*PARTICIPLE*
PRESENT	**PRESENT**
rire	riant
PAST	**PAST**
avoir ri	ri

181 ROMPRE
to break

PRESENT	IMPERFECT	FUTURE
je romps	je rompais	je romprai
tu romps	tu rompais	tu rompras
il rompt	il rompait	il rompra
nous rompons	nous rompions	nous romprons
vous rompez	vous rompiez	vous romprez
ils rompent	ils rompaient	ils rompront

PAST HISTORIC	PERFECT	PLUPERFECT
je rompis	j'ai rompu	j'avais rompu
tu rompis	tu as rompu	tu avais rompu
il rompit	il a rompu	il avait rompu
nous rompîmes	nous avons rompu	nous avions rompu
vous rompîtes	vous avez rompu	vous aviez rompu
ils rompirent	ils ont rompu	ils avaient rompu

PAST ANTERIOR	FUTURE PERFECT
j'eus rompu etc	j'aurai rompu etc

IMPERATIVE	CONDITIONAL	
	PRESENT	PAST
romps	je romprais	j'aurais rompu
rompons	tu romprais	tu aurais rompu
rompez	il romprait	il aurait rompu
	nous romprions	nous aurions rompu
	vous rompriez	vous auriez rompu
	ils rompraient	ils auraient rompu

SUBJUNCTIVE

PRESENT	IMPERFECT	PERFECT
je rompe	je rompisse	j'aie rompu
tu rompes	tu rompisses	tu aies rompu
il rompe	il rompît	il ait rompu
nous rompions	nous rompissions	nous ayons rompu
vous rompiez	vous rompissiez	vous ayez rompu
ils rompent	ils rompissent	ils aient rompu

INFINITIVE	PARTICIPLE
PRESENT	PRESENT
rompre	rompant
PAST	PAST
avoir rompu	rompu

SAILLIR
to stick out

PRESENT	IMPERFECT	FUTURE
il saille	il saillait	il saillera
ils saillent	ils saillaient	ils sailleront

PAST HISTORIC	PERFECT	PLUPERFECT
il saillit	il a sailli	il avait sailli
ils saillirent	ils ont sailli	ils avaient sailli

PAST ANTERIOR	FUTURE PERFECT
il eut sailli etc	il aura sailli etc

IMPERATIVE	*CONDITIONAL*	
	PRESENT	**PAST**
	il saillerait	il aurait sailli
	ils sailleraient	ils auraient sailli

SUBJUNCTIVE

PRESENT	IMPERFECT	PERFECT
il saille	il saillît	il ait sailli
ils saillent	ils saillissent	ils aient sailli

INFINITIVE	*PARTICIPLE*
PRESENT	**PRESENT**
saillir	saillant
PAST	**PAST**
avoir sailli	sailli

SAVOIR
to know

PRESENT	IMPERFECT	FUTURE
je sais	je savais	je saurai
tu sais	tu savais	tu sauras
il sait	il savait	il saura
nous savons	nous savions	nous saurons
vous savez	vous saviez	vous saurez
ils savent	ils savaient	ils sauront

PAST HISTORIC	PERFECT	PLUPERFECT
je sus	j'ai su	j'avais su
tu sus	tu as su	tu avais su
il sut	il a su	il avait su
nous sûmes	nous avons su	nous avions su
vous sûtes	vous avez su	vous aviez su
ils surent	ils ont su	ils avaient su

PAST ANTERIOR	FUTURE PERFECT
j'eus su etc	j'aurai su etc

IMPERATIVE	CONDITIONAL	
	PRESENT	PAST
sache	je saurais	j'aurais su
sachons	tu saurais	tu aurais su
sachez	il saurait	il aurait su
	nous saurions	nous aurions su
	vous sauriez	vous auriez su
	ils sauraient	ils auraient su

SUBJUNCTIVE

PRESENT	IMPERFECT	PERFECT
je sache	je susse	j'aie su
tu saches	tu susses	tu aies su
il sache	il sût	il ait su
nous sachions	nous sussions	nous ayons su
vous sachiez	vous sussiez	vous ayez su
ils sachent	ils sussent	ils aient su

INFINITIVE	PARTICIPLE
PRESENT	PRESENT
savoir	sachant
PAST	PAST
avoir su	su

SECHER
to dry

184

PRESENT	IMPERFECT	FUTURE
je sèche	je séchais	je sécherai
tu sèches	tu séchais	tu sécheras
il sèche	il séchait	il séchera
nous séchons	nous séchions	nous sécherons
vous séchez	vous séchiez	vous sécherez
ils sèchent	ils séchaient	ils sécheront

PAST HISTORIC	PERFECT	PLUPERFECT
je séchai	j'ai séché	j'avais séché
tu séchas	tu as séché	tu avais séché
il sécha	il a séché	il avait séché
nous séchâmes	nous avons séché	nous avions séché
vous séchâtes	vous avez séché	vous aviez séché
ils séchèrent	ils ont séché	ils avaient séché

PAST ANTERIOR	FUTURE PERFECT
j'eus séché etc	j'aurai séché etc

IMPERATIVE	CONDITIONAL	
	PRESENT	PAST
sèche	je sécherais	j'aurais séché
séchons	tu sécherais	tu aurais séché
séchez	il sécherait	il aurait séché
	nous sécherions	nous aurions séché
	vous sécheriez	vous auriez séché
	ils sécheraient	ils auraient séché

SUBJUNCTIVE

PRESENT	IMPERFECT	PERFECT
je sèche	je séchasse	j'aie séché
tu sèches	tu séchasses	tu aies séché
il sèche	il séchât	il ait séché
nous séchions	nous séchassions	nous ayons séché
vous séchiez	vous séchassiez	vous ayez séché
ils sèchent	ils séchassent	ils aient séché

INFINITIVE	PARTICIPLE
PRESENT	PRESENT
sécher	séchant
PAST	PAST
avoir séché	séché

185 SEMER
to sow

PRESENT	IMPERFECT	FUTURE
je sème	je semais	je sèmerai
tu sèmes	tu semais	tu sèmeras
il sème	il semait	il sèmera
nous semons	nous semions	nous sèmerons
vous semez	vous semiez	vous sèmerez
ils sèment	ils semaient	ils sèmeront

PAST HISTORIC	PERFECT	PLUPERFECT
je semai	j'ai semé	j'avais semé
tu semas	tu as semé	tu avais semé
il sema	il a semé	il avait semé
nous semâmes	nous avons semé	nous avions semé
vous semâtes	vous avez semé	vous aviez semé
ils semèrent	ils ont semé	ils avaient semé

PAST ANTERIOR	FUTURE PERFECT
j'eus semé etc	j'aurai semé etc

IMPERATIVE	CONDITIONAL	
	PRESENT	PAST
sème	je sèmerais	j'aurais semé
semons	tu sèmerais	tu aurais semé
semez	il sèmerait	il aurait semé
	nous sèmerions	nous aurions semé
	vous sèmeriez	vous auriez semé
	ils sèmeraient	ils auraient semé

SUBJUNCTIVE

PRESENT	IMPERFECT	PERFECT
je sème	je semasse	j'aie semé
tu sèmes	tu semasses	tu aies semé
il sème	il semât	il ait semé
nous semions	nous semassions	nous ayons semé
vous semiez	vous semassiez	vous ayez semé
ils sèment	ils semassent	ils aient semé

INFINITIVE	PARTICIPLE
PRESENT	PRESENT
semer	semant
PAST	PAST
avoir semé	semé

to feel, to smell

PRESENT	IMPERFECT	FUTURE
je sens	je sentais	je sentirai
tu sens	tu sentais	tu sentiras
il sent	il sentait	il sentira
nous sentons	nous sentions	nous sentirons
vous sentez	vous sentiez	vous sentirez
ils sentent	ils sentaient	ils sentiront

PAST HISTORIC	PERFECT	PLUPERFECT
je sentis	j'ai senti	j'avais senti
tu sentis	tu as senti	tu avais senti
il sentit	il a senti	il avait senti
nous sentîmes	nous avons senti	nous avions senti
vous sentîtes	vous avez senti	vous aviez senti
ils sentirent	ils ont senti	ils avaient senti

PAST ANTERIOR	FUTURE PERFECT
j'eus senti etc	j'aurai senti etc

IMPERATIVE	CONDITIONAL	
	PRESENT	PAST
sens	je sentirais	j'aurais senti
sentons	tu sentirais	tu aurais senti
sentez	il sentirait	il aurait senti
	nous sentirions	nous aurions senti
	vous sentiriez	vous auriez senti
	ils sentiraient	ils auraient senti

SUBJUNCTIVE		
PRESENT	IMPERFECT	PERFECT
je sente	je sentisse	j'aie senti
tu sentes	tu sentisses	tu aies senti
il sente	il sentît	il ait senti
nous sentions	nous sentissions	nous ayons senti
vous sentiez	vous sentissiez	vous ayez senti
ils sentent	ils sentissent	ils aient senti

INFINITIVE	PARTICIPLE
PRESENT	PRESENT
sentir	sentant
PAST	PAST
avoir senti	senti

187 SEOIR
to be becoming

PRESENT	IMPERFECT	FUTURE
il sied	il seyait	il siéra
ils siéent	ils seyaient	ils siéront

PAST HISTORIC	PERFECT	PLUPERFECT

PAST ANTERIOR	FUTURE PERFECT

IMPERATIVE	CONDITIONAL	
	PRESENT	PAST
	il siérait	
	ils siéraient	

SUBJUNCTIVE		
PRESENT	IMPERFECT	PERFECT
il siée		
ils siéent		

INFINITIVE	PARTICIPLE
PRESENT	PRESENT
seoir	seyant
PAST	PAST

to tighten

PRESENT	IMPERFECT	FUTURE
je serre	je serrais	je serrerai
tu serres	tu serrais	tu serreras
il serre	il serrait	il serrera
nous serrons	nous serrions	nous serrerons
vous serrez	vous serriez	vous serrerez
ils serrent	ils serraient	ils serreront

PAST HISTORIC	PERFECT	PLUPERFECT
je serrai	j'ai serré	j'avais serré
tu serras	tu as serré	tu avais serré
il serra	il a serré	il avait serré
nous serrâmes	nous avons serré	nous avions serré
vous serrâtes	vous avez serré	vous aviez serré
ils serrèrent	ils ont serré	ils avaient serré

PAST ANTERIOR	FUTURE PERFECT
j'eus serré etc	j'aurai serré etc

IMPERATIVE	CONDITIONAL	
	PRESENT	PAST
serre	je serrerais	j'aurais serré
serrons	tu serrerais	tu aurais serré
serrez	il serrerait	il aurait serré
	nous serrerions	nous aurions serré
	vous serreriez	vous auriez serré
	ils serreraient	ils auraient serré

SUBJUNCTIVE		
PRESENT	IMPERFECT	PERFECT
je serre	je serrasse	j'aie serré
tu serres	tu serrasses	tu aies serré
il serre	il serrât	il ait serré
nous serrions	nous serrassions	nous ayons serré
vous serriez	vous serrassiez	vous ayez serré
ils serrent	ils serrassent	ils aient serré

INFINITIVE	PARTICIPLE
PRESENT	PRESENT
serrer	serrant
PAST	PAST
avoir serré	serré

SERVIR
to serve

PRESENT	IMPERFECT	FUTURE
je sers	je servais	je servirai
tu sers	tu servais	tu serviras
il sert	il servait	il servira
nous servons	nous servions	nous servirons
vous servez	vous serviez	vous servirez
ils servent	ils servaient	ils serviront

PAST HISTORIC	PERFECT	PLUPERFECT
je servis	j'ai servi	j'avais servi
tu servis	tu as servi	tu avais servi
il servit	il a servi	il avait servi
nous servîmes	nous avons servi	nous avions servi
vous servîtes	vous avez servi	vous aviez servi
ils servirent	ils ont servi	ils avaient servi

PAST ANTERIOR	FUTURE PERFECT
j'eus servi etc	j'aurai servi etc

IMPERATIVE	CONDITIONAL	
	PRESENT	PAST
sers	je servirais	j'aurais servi
servons	tu servirais	tu aurais servi
servez	il servirait	il aurait servi
	nous servirions	nous aurions servi
	vous serviriez	vous auriez servi
	ils serviraient	ils auraient servi

SUBJUNCTIVE

PRESENT	IMPERFECT	PERFECT
je serve	je servisse	j'aie servi
tu serves	tu servisses	tu aies servi
il serve	il servît	il ait servi
nous servions	nous servissions	nous ayons servi
vous serviez	vous servissiez	vous ayez servi
ils servent	ils servissent	ils aient servi

INFINITIVE	PARTICIPLE
PRESENT	PRESENT
servir	servant
PAST	PAST
avoir servi	servi

PRESENT

je sèvre
tu sèvres
il sèvre
nous sevrons
vous sevrez
ils sèvrent

IMPERFECT

je sevrais
tu sevrais
il sevrait
nous sevrions
vous sevriez
ils sevraient

FUTURE

je sèvrerai
tu sèvreras
il sèvrera
nous sèvrerons
vous sèvrerez
ils sèvreront

PAST HISTORIC

je sevrai
tu sevras
il sevra
nous sevrâmes
vous sevrâtes
ils sevrèrent

PERFECT

j'ai sevré
tu as sevré
il a sevré
nous avons sevré
vous avez sevré
ils ont sevré

PLUPERFECT

j'avais sevré
tu avais sevré
il avait sevré
nous avions sevré
vous aviez sevré
ils avaient sevré

PAST ANTERIOR

j'eus sevré etc

FUTURE PERFECT

j'aurai sevré etc

IMPERATIVE

sèvre
sevrons
sevrez

CONDITIONAL

PRESENT

je sèvrerais
tu sèvrerais
il sèvrerait
nous sèvrerions
vous sèvreriez
ils sèvreraient

PAST

j'aurais sevré
tu aurais sevré
il aurait sevré
nous aurions sevré
vous auriez sevré
ils auraient sevré

SUBJUNCTIVE

PRESENT

je sèvre
tu sèvres
il sèvre
nous sevrions
vous sevriez
ils sèvrent

IMPERFECT

je sevrasse
tu sevrasses
il sevrât
nous sevrassions
vous sevrassiez
ils sevrassent

PERFECT

j'aie sevré
tu aies sevré
il ait sevré
nous ayons sevré
vous ayez sevré
ils aient sevré

INFINITIVE

PRESENT

sevrer

PAST

avoir sevré

PARTICIPLE

PRESENT

sevrant

PAST

sevré

SORTIR
to go out

PRESENT	IMPERFECT	FUTURE
je sors	je sortais	je sortirai
tu sors	tu sortais	tu sortiras
il sort	il sortait	il sortira
nous sortons	nous sortions	nous sortirons
vous sortez	vous sortiez	vous sortirez
ils sortent	ils sortaient	ils sortiront

PAST HISTORIC	PERFECT	PLUPERFECT
je sortis	je suis sorti	j'étais sorti
tu sortis	tu es sorti	tu étais sorti
il sortit	il est sorti	il était sorti
nous sortîmes	nous sommes sortis	nous étions sortis
vous sortîtes	vous êtes sorti(s)	vous étiez sorti(s)
ils sortirent	ils sont sortis	ils étaient sortis

PAST ANTERIOR	FUTURE PERFECT
je fus sorti etc	je serai sorti etc

IMPERATIVE	CONDITIONAL	
	PRESENT	PAST
sors	je sortirais	je serais sorti
sortons	tu sortirais	tu serais sorti
sortez	il sortirait	il serait sorti
	nous sortirions	nous serions sortis
	vous sortiriez	vous seriez sorti(s)
	ils sortiraient	ils seraient sortis

SUBJUNCTIVE

PRESENT	IMPERFECT	PERFECT
je sorte	je sortisse	je sois sorti
tu sortes	tu sortisses	tu sois sorti
il sorte	il sortît	il soit sorti
nous sortions	nous sortissions	nous soyons sortis
vous sortiez	vous sortissiez	vous soyez sorti(s)
ils sortent	ils sortissent	ils soient sortis

INFINITIVE	PARTICIPLE
PRESENT	PRESENT
sortir	sortant
PAST	PAST
être sorti	sorti

SE SOUVENIR
to remember

PRESENT

je me souviens
tu te souviens
il se souvient
nous nous souvenons
vous vous souvenez
ils se souviennent

IMPERFECT

je me souvenais
tu te souvenais
il se souvenait
nous nous souvenions
vous vous souveniez
ils se souvenaient

FUTURE

je me souviendrai
tu te souviendras
il se souviendra
nous nous souviendrons
vous vous souviendrez
ils se souviendront

PAST HISTORIC

je me souvins
tu te souvins
il se souvint
nous nous souvînmes
vous vous souvîntes
ils se souvinrent

PERFECT

je me suis souvenu
tu t'es souvenu
il s'est souvenu
nous ns. sommes souvenus
vous vs. êtes souvenu(s)
ils se sont souvenus

PLUPERFECT

je m'étais souvenu
tu t'étais souvenu
il s'était souvenu
nous ns. étions souvenus
vous vs. étiez souvenu(s)
ils s'étaient souvenus

PAST ANTERIOR

je me fus souvenu etc

FUTURE PERFECT

je me serai souvenu etc

IMPERATIVE

souviens-toi
souvenons-nous
souvenez-vous

CONDITIONAL

PRESENT

je me souviendrais
tu te souviendrais
il se souviendrait
nous ns. souviendrions
vous vous souviendriez
ils se souviendraient

PAST

je me serais souvenu
tu te serais souvenu
il se serait souvenu
nous ns. serions souvenus
vous vs. seriez souvenu(s)
ils se seraient souvenus

SUBJUNCTIVE

PRESENT

je me souvienne
tu te souviennes
il se souvienne
nous nous souvenions
vous vous souveniez
ils se souviennent

IMPERFECT

je me souvinsse
tu te souvinsses
il se souvînt
nous nous souvinssions
vous vous souvinssiez
ils se souvinssent

PERFECT

je me sois souvenu
tu te sois souvenu
il se soit souvenu
nous ns. soyons souvenus
vous vs. soyez souvenu(s)
ils se soient souvenus

INFINITIVE

PRESENT

se souvenir

PAST

s'être souvenu

PARTICIPLE

PRESENT

se souvenant

PAST

souvenu

193 STUPEFAIRE
to astound

PRESENT	IMPERFECT	FUTURE
il stupéfait		

PAST HISTORIC	PERFECT	PLUPERFECT
	j'ai stupéfait	j'avais stupéfait
	tu as stupéfait	tu avais stupéfait
	il a stupéfait	il avait stupéfait
	nous avons stupéfait	nous avions stupéfait
	vous avez stupéfait	vous aviez stupéfait
	ils ont stupéfait	ils avaient stupéfait

PAST ANTERIOR	FUTURE PERFECT
j'eus stupéfait etc	j'aurai stupéfait etc

IMPERATIVE	CONDITIONAL	
	PRESENT	PAST
		j'aurais stupéfait
		tu aurais stupéfait
		il aurait stupéfait
		nous aurions stupéfait
		vous auriez stupéfait
		ils auraient stupéfait

SUBJUNCTIVE		
PRESENT	IMPERFECT	PERFECT
		j'aie stupéfait
		tu aies stupéfait
		il ait stupéfait
		nous ayons stupéfait
		vous ayez stupéfait
		ils aient stupéfait

INFINITIVE	PARTICIPLE
PRESENT	PRESENT
stupéfaire	
PAST	PAST
avoir stupéfait	stupéfait

SUFFIRE
to be sufficient

PRESENT	**IMPERFECT**	**FUTURE**
je suffis	je suffisais	je suffirai
tu suffis	tu suffisais	tu suffiras
il suffit	il suffisait	il suffira
nous suffisons	nous suffisions	nous suffirons
vous suffisez	vous suffisiez	vous suffirez
ils suffisent	ils suffisaient	ils suffiront

PAST HISTORIC	**PERFECT**	**PLUPERFECT**
je suffis	j'ai suffi	j'avais suffi
tu suffis	tu as suffi	tu avais suffi
il suffit	il a suffi	il avait suffi
nous suffîmes	nous avons suffi	nous avions suffi
vous suffîtes	vous avez suffi	vous aviez suffi
ils suffirent	ils ont suffi	ils avaient suffi

PAST ANTERIOR	**FUTURE PERFECT**
j'eus suffi etc	j'aurai suffi etc

IMPERATIVE	*CONDITIONAL*	
	PRESENT	**PAST**
suffis	je suffirais	j'aurais suffi
suffisons	tu suffirais	tu aurais suffi
suffisez	il suffirait	il aurait suffi
	nous suffirions	nous aurions suffi
	vous suffiriez	vous auriez suffi
	ils suffiraient	ils auraient suffi

SUBJUNCTIVE

PRESENT	**IMPERFECT**	**PERFECT**
je suffise	je suffisse	j'aie suffi
tu suffises	tu suffisses	tu aies suffi
il suffise	il suffît	il ait suffi
nous suffisions	nous suffissions	nous ayons suffi
vous suffisiez	vous suffissiez	vous ayez suffi
ils suffisent	ils suffissent	ils aient suffi

INFINITIVE	*PARTICIPLE*	*NOTE*
PRESENT	**PRESENT**	circoncire: *past participle*
suffire	suffisant	circoncis
PAST	**PAST**	
avoir suffi	suffi	

195   SUIVRE
to follow

PRESENT	IMPERFECT	FUTURE
je suis	je suivais	je suivrai
tu suis	tu suivais	tu suivras
il suit	il suivait	il suivra
nous suivons	nous suivions	nous suivrons
vous suivez	vous suiviez	vous suivrez
ils suivent	ils suivaient	ils suivront

PAST HISTORIC	PERFECT	PLUPERFECT
je suivis	j'ai suivi	j'avais suivi
tu suivis	tu as suivi	tu avais suivi
il suivit	il a suivi	il avait suivi
nous suivîmes	nous avons suivi	nous avions suivi
vous suivîtes	vous avez suivi	vous aviez suivi
ils suivirent	ils ont suivi	ils avaient suivi

PAST ANTERIOR	FUTURE PERFECT
j'eus suivi etc	j'aurai suivi etc

IMPERATIVE	*CONDITIONAL*	
	PRESENT	**PAST**
suis	je suivrais	j'aurais suivi
suivons	tu suivrais	tu aurais suivi
suivez	il suivrait	il aurait suivi
	nous suivrions	nous aurions suivi
	vous suivriez	vous auriez suivi
	ils suivraient	ils auraient suivi

SUBJUNCTIVE

PRESENT	IMPERFECT	PERFECT
je suive	je suivisse	j'aie suivi
tu suives	tu suivisses	tu aies suivi
il suive	il suivît	il ait suivi
nous suivions	nous suivissions	nous ayons suivi
vous suiviez	vous suivissiez	vous ayez suivi
ils suivent	ils suivissent	ils aient suivi

INFINITIVE	*PARTICIPLE*
PRESENT	**PRESENT**
suivre	suivant
PAST	**PAST**
avoir suivi	suivi

to defer

PRESENT	**IMPERFECT**	**FUTURE**
je sursois	je sursoyais	je surseoirai
tu sursois	tu sursoyais	tu surseoiras
il sursoit	il sursoyait	il surseoira
nous sursoyons	nous sursoyions	nous surseoirons
vous sursoyez	vous sursoyiez	vous surseoirez
ils sursoient	ils sursoyaient	ils surseoiront

PAST HISTORIC	**PERFECT**	**PLUPERFECT**
je sursis	j'ai sursis	j'avais sursis
tu sursis	tu as sursis	tu avais sursis
il sursit	il a sursis	il avait sursis
nous sursîmes	nous avons sursis	nous avions sursis
vous sursîtes	vous avez sursis	vous aviez sursis
ils sursirent	ils ont sursis	ils avaient sursis

PAST ANTERIOR	**FUTURE PERFECT**
j'eus sursis etc	j'aurai sursis etc

IMPERATIVE	*CONDITIONAL*	
	PRESENT	**PAST**
sursois	je surseoirais	j'aurais sursis
sursoyons	tu surseoirais	tu aurais sursis
sursoyez	il surseoirait	il aurait sursis
	nous surseoirions	nous aurions sursis
	vous surseoiriez	vous auriez sursis
	ils surseoiraient	ils auraient sursis

SUBJUNCTIVE		
PRESENT	**IMPERFECT**	**PERFECT**
je sursoie	je sursisse	j'aie sursis
tu sursoies	tu sursisses	tu aies sursis
il sursoie	il sursît	il ait sursis
nous sursoyions	nous sursissions	nous ayons sursis
vous sursoyiez	vous sursissiez	vous ayez sursis
ils sursoient	ils sursissent	ils aient sursis

INFINITIVE	*PARTICIPLE*
PRESENT	**PRESENT**
surseoir	sursoyant
PAST	**PAST**
avoir sursis	sursis

SE TAIRE
to keep quiet

PRESENT	**IMPERFECT**	**FUTURE**
je me tais	je me taisais	je me tairai
tu te tais	tu te taisais	tu te tairas
il se tait	il se taisait	il se taira
nous nous taisons	nous nous taisions	nous nous tairons
vous vous taisez	vous vous taisiez	vous vous tairez
ils se taisent	ils se taisaient	ils se tairont

PAST HISTORIC	**PERFECT**	**PLUPERFECT**
je me tus	je me suis tu	je m'étais tu
tu te tus	tu t'es tu	tu t'étais tu
il se tut	il s'est tu	il s'était tu
nous nous tûmes	nous nous sommes tus	nous nous étions tus
vous vous tûtes	vous vous êtes tu(s)	vous vous étiez tu(s)
ils se turent	ils se sont tus	ils s'étaient tus

PAST ANTERIOR	**FUTURE PERFECT**
je me fus tu etc	je me serai tu etc

IMPERATIVE	*CONDITIONAL*	
	PRESENT	**PAST**
tais-toi	je me tairais	je me serais tu
taisons-nous	tu te tairais	tu te serais tu
taisez-vous	il se tairait	il se serait tu
	nous nous tairions	nous nous serions tus
	vous vous tairiez	vous vous seriez tu(s)
	ils se tairaient	ils se seraient tus

SUBJUNCTIVE		
PRESENT	**IMPERFECT**	**PERFECT**
je me taise	je me tusse	je me sois tu
tu te taises	tu te tusses	tu te sois tu
il se taise	il se tût	il se soit tu
nous nous taisions	nous nous tussions	nous nous soyons tus
vous vous taisiez	vous vous tussiez	vous vous soyez tu(s)
ils se taisent	ils se tussent	ils se soient tus

INFINITIVE	*PARTICIPLE*
PRESENT	**PRESENT**
se taire	se taisant
PAST	**PAST**
s'être tu	tu

TENIR
to hold

PRESENT	**IMPERFECT**	**FUTURE**
je tiens	je tenais	je tiendrai
tu tiens	tu tenais	tu tiendras
il tient	il tenait	il tiendra
nous tenons	nous tenions	nous tiendrons
vous tenez	vous teniez	vous tiendrez
ils tiennent	ils tenaient	ils tiendront

PAST HISTORIC	**PERFECT**	**PLUPERFECT**
je tins	j'ai tenu	j'avais tenu
tu tins	tu as tenu	tu avais tenu
il tint	il a tenu	il avait tenu
nous tînmes	nous avons tenu	nous avions tenu
vous tîntes	vous avez tenu	vous aviez tenu
ils tinrent	ils ont tenu	ils avaient tenu

PAST ANTERIOR	**FUTURE PERFECT**
j'eus tenu etc	j'aurai tenu etc

IMPERATIVE	*CONDITIONAL*	
	PRESENT	**PAST**
tiens	je tiendrais	j'aurais tenu
tenons	tu tiendrais	tu aurais tenu
tenez	il tiendrait	il aurait tenu
	nous tiendrions	nous aurions tenu
	vous tiendriez	vous auriez tenu
	ils tiendraient	ils auraient tenu

SUBJUNCTIVE

PRESENT	**IMPERFECT**	**PERFECT**
je tienne	je tinsse	j'aie tenu
tu tiennes	tu tinsses	tu aies tenu
il tienne	il tînt	il ait tenu
nous tenions	nous tinssions	nous ayons tenu
vous teniez	vous tinssiez	vous ayez tenu
ils tiennent	ils tinssent	ils aient tenu

INFINITIVE	*PARTICIPLE*
PRESENT	**PRESENT**
tenir	tenant
PAST	**PAST**
avoir tenu	tenu

TOMBER
to fall

PRESENT	IMPERFECT	FUTURE
je tombe	je tombais	je tomberai
tu tombes	tu tombais	tu tomberas
il tombe	il tombait	il tombera
nous tombons	nous tombions	nous tomberons
vous tombez	vous tombiez	vous tomberez
ils tombent	ils tombaient	ils tomberont

PAST HISTORIC	PERFECT	PLUPERFECT
je tombai	je suis tombé	j'étais tombé
tu tombas	tu es tombé	tu étais tombé
il tomba	il est tombé	il était tombé
nous tombâmes	nous sommes tombés	nous étions tombés
vous tombâtes	vous êtes tombé(s)	vous étiez tombé(s)
ils tombèrent	ils sont tombés	ils étaient tombés

PAST ANTERIOR	FUTURE PERFECT
je fus tombé etc	je serai tombé etc

IMPERATIVE	*CONDITIONAL*	
	PRESENT	PAST
tombe	je tomberais	je serais tombé
tombons	tu tomberais	tu serais tombé
tombez	il tomberait	il serait tombé
	nous tomberions	nous serions tombés
	vous tomberiez	vous seriez tombé(s)
	ils tomberaient	ils seraient tombés

SUBJUNCTIVE		
PRESENT	IMPERFECT	PERFECT
je tombe	je tombasse	je sois tombé
tu tombes	tu tombasses	tu sois tombé
il tombe	il tombât	il soit tombé
nous tombions	nous tombassions	nous soyons tombés
vous tombiez	vous tombassiez	vous soyez tombé(s)
ils tombent	ils tombassent	ils soient tombés

INFINITIVE	*PARTICIPLE*
PRESENT	PRESENT
tomber	tombant
PAST	PAST
être tombé	tombé

TRADUIRE
to translate

PRESENT	IMPERFECT	FUTURE
je traduis	je traduisais	je traduirai
tu traduis	tu traduisais	tu traduiras
il traduit	il traduisait	il traduira
nous traduisons	nous traduisions	nous traduirons
vous traduisez	vous traduisiez	vous traduirez
ils traduisent	ils traduisaient	ils traduiront

PAST HISTORIC	PERFECT	PLUPERFECT
je traduisis	j'ai traduit	j'avais traduit
tu traduisis	tu as traduit	tu avais traduit
il traduisit	il a traduit	il avait traduit
nous traduisîmes	nous avons traduit	nous avions traduit
vous traduisîtes	vous avez traduit	vous aviez traduit
ils traduisirent	ils ont traduit	ils avaient traduit

PAST ANTERIOR	FUTURE PERFECT
j'eus traduit etc	j'aurai traduit etc

IMPERATIVE	*CONDITIONAL*	
	PRESENT	**PAST**
traduis	je traduirais	j'aurais traduit
traduisons	tu traduirais	tu aurais traduit
traduisez	il traduirait	il aurait traduit
	nous traduirions	nous aurions traduit
	vous traduiriez	vous auriez traduit
	ils traduiraient	ils auraient traduit

SUBJUNCTIVE

PRESENT	IMPERFECT	PERFECT
je traduise	je traduisisse	j'aie traduit
tu traduises	tu traduisisses	tu aies traduit
il traduise	il traduisît	il soit traduit
nous traduisions	nous traduisissions	nous ayons traduit
vous traduisiez	vous traduisissiez	vous ayez traduit
ils traduisent	ils traduisissent	ils aient traduit

INFINITIVE	*PARTICIPLE*
PRESENT	**PRESENT**
traduire	traduisant
PAST	**PAST**
avoir traduit	traduit

TRAVAILLER
to work

PRESENT	IMPERFECT	FUTURE
je travaille	je travaillais	je travaillerai
tu travailles	tu travaillais	tu travailleras
il travaille	il travaillait	il travaillera
nous travaillons	nous travaillions	nous travaillerons
vous travaillez	vous travailliez	vous travaillerez
ils travaillent	ils travaillaient	ils travailleront

PAST HISTORIC	PERFECT	PLUPERFECT
je travaillai	j'ai travaillé	j'avais travaillé
tu travaillas	tu as travaillé	tu avais travaillé
il travailla	il a travaillé	il avait travaillé
nous travaillâmes	nous avons travaillé	nous avions travaillé
vous travaillâtes	vous avez travaillé	vous aviez travaillé
ils travaillèrent	ils ont travaillé	ils avaient travaillé

PAST ANTERIOR	FUTURE PERFECT
j'eus travaillé etc	j'aurai travaillé etc

IMPERATIVE	CONDITIONAL	
	PRESENT	PAST
travaille	je travaillerais	j'aurais travaillé
travaillons	tu travaillerais	tu aurais travaillé
travaillez	il travaillerait	il aurait travaillé
	nous travaillerions	nous aurions travaillé
	vous travailleriez	vous auriez travaillé
	ils travailleraient	ils auraient travaillé

SUBJUNCTIVE

PRESENT	IMPERFECT	PERFECT
je travaille	je travaillasse	j'aie travaillé
tu travailles	tu travaillasses	tu aies travaillé
il travaille	il travaillât	il ait travaillé
nous travaillions	nous travaillassions	nous ayons travaillé
vous travailliez	vous travaillassiez	vous ayez travaillé
ils travaillent	ils travaillassent	ils aient travaillé

INFINITIVE	PARTICIPLE
PRESENT	PRESENT
travailler	travaillant
PAST	PAST
avoir travaillé	travaillé

TUER
to kill

202

PRESENT	IMPERFECT	FUTURE
je tue	je tuais	je tuerai
tu tues	tu tuais	tu tueras
il tue	il tuait	il tuera
nous tuons	nous tuions	nous tuerons
vous tuez	vous tuiez	vous tuerez
ils tuent	ils tuaient	ils tueront

PAST HISTORIC	PERFECT	PLUPERFECT
je tuai	j'ai tué	j'avais tué
tu tuas	tu as tué	tu avais tué
il tua	il a tué	il avait tué
nous tuâmes	nous avons tué	nous avions tué
vous tuâtes	vous avez tué	vous aviez tué
ils tuèrent	ils ont tué	ils avaient tué

PAST ANTERIOR	FUTURE PERFECT
j'eus tué etc	j'aurai tué etc

IMPERATIVE	CONDITIONAL	
	PRESENT	PAST
tue	je tuerais	j'aurais tué
tuons	tu tuerais	tu aurais tué
tuez	il tuerait	il aurait tué
	nous tuerions	nous aurions tué
	vous tueriez	vous auriez tué
	ils tueraient	ils auraient tué

SUBJUNCTIVE

PRESENT	IMPERFECT	PERFECT
je tue	je tuasse	j'aie tué
tu tues	tu tuasses	tu aies tué
il tue	il tuât	il ait tué
nous tuions	nous tuassions	nous ayons tué
vous tuiez	vous tuassiez	vous ayez tué
ils tuent	ils tuassent	ils aient tué

INFINITIVE	PARTICIPLE
PRESENT	PRESENT
tuer	tuant
PAST	PAST
avoir tué	tué

VAINCRE
to defeat

PRESENT	IMPERFECT	FUTURE
je vaincs	je vainquais	je vaincrai
tu vaincs	tu vainquais	tu vaincras
il vainc	il vainquait	il vaincra
nous vainquons	nous vainquions	nous vaincrons
vous vainquez	vous vainquiez	vous vaincrez
ils vainquent	ils vainquaient	ils vaincront

PAST HISTORIC	PERFECT	PLUPERFECT
je vainquis	j'ai vaincu	j'avais vaincu
tu vainquis	tu as vaincu	tu avais vaincu
il vainquit	il a vaincu	il avait vaincu
nous vainquîmes	nous avons vaincu	nous avions vaincu
vous vainquîtes	vous avez vaincu	vous aviez vaincu
ils vainquirent	ils ont vaincu	ils avaient vaincu

PAST ANTERIOR	FUTURE PERFECT
j'eus vaincu etc	j'aurai vaincu etc

IMPERATIVE	CONDITIONAL	
	PRESENT	PAST
vaincs	je vaincrais	j'aurais vaincu
vainquons	tu vaincrais	tu aurais vaincu
vainquez	il vaincrait	il aurait vaincu
	nous vaincrions	nous aurions vaincu
	vous vaincriez	vous auriez vaincu
	ils vaincraient	ils auraient vaincu

SUBJUNCTIVE

PRESENT	IMPERFECT	PERFECT
je vainque	je vainquisse	j'aie vaincu
tu vainques	tu vainquisses	tu aies vaincu
il vainque	il vainquît	il ait vaincu
nous vainquions	nous vainquissions	nous ayons vaincu
vous vainquiez	vous vainquissiez	vous ayez vaincu
ils vainquent	ils vainquissent	ils aient vaincu

INFINITIVE	PARTICIPLE
PRESENT	PRESENT
vaincre	vainquant
PAST	PAST
avoir vaincu	vaincu

PRESENT	IMPERFECT	FUTURE
je vaux	je valais	je vaudrai
tu vaux	tu valais	tu vaudras
il vaut	il valait	il vaudra
nous valons	nous valions	nous vaudrons
vous valez	vous valiez	vous vaudrez
ils valent	ils valaient	ils vaudront

PAST HISTORIC	PERFECT	PLUPERFECT
je valus	j'ai valu	j'avais valu
tu valus	tu as valu	tu avais valu
il valut	il a valu	il avait valu
nous valûmes	nous avons valu	nous avions valu
vous valûtes	vous avez valu	vous aviez valu
ils valurent	ils ont valu	ils avaient valu

PAST ANTERIOR	FUTURE PERFECT
j'eus valu etc	j'aurai valu etc

IMPERATIVE	*CONDITIONAL*	
	PRESENT	PAST
vaux	je vaudrais	j'aurais valu
valons	tu vaudrais	tu aurais valu
valez	il vaudrait	il aurait valu
	nous vaudrions	nous aurions valu
	vous vaudriez	vous auriez valu
	ils vaudraient	ils auraient valu

SUBJUNCTIVE

PRESENT	IMPERFECT	PERFECT
je vaille	je valusse	j'aie valu
tu vailles	tu valusses	tu aies valu
il vaille	il valût	il ait valu
nous valions	nous valussions	nous ayons valu
vous valiez	vous valussiez	vous ayez valu
ils vaillent	ils valussent	ils aient valu

INFINITIVE	*PARTICIPLE*
PRESENT	PRESENT
valoir	valant
PAST	PAST
avoir valu	valu

205

VENDRE
to sell

PRESENT	IMPERFECT	FUTURE
je vends	je vendais	je vendrai
tu vends	tu vendais	tu vendras
il vend	il vendait	il vendra
nous vendons	nous vendions	nous vendrons
vous vendez	vous vendiez	vous vendrez
ils vendent	ils vendaient	ils vendront

PAST HISTORIC	PERFECT	PLUPERFECT
je vendis	j'ai vendu	j'avais vendu
tu vendis	tu as vendu	tu avais vendu
il vendit	il a vendu	il avait vendu
nous vendîmes	nous avons vendu	nous avions vendu
vous vendîtes	vous avez vendu	vous aviez vendu
ils vendirent	ils ont vendu	ils avaient vendu

PAST ANTERIOR	FUTURE PERFECT
j'eus vendu etc	j'aurai vendu etc

IMPERATIVE	CONDITIONAL	
	PRESENT	PAST
vends	je vendrais	j'aurais vendu
vendons	tu vendrais	tu aurais vendu
vendez	il vendrait	il aurait vendu
	nous vendrions	nous aurions vendu
	vous vendriez	vous auriez vendu
	ils vendraient	ils auraient vendu

SUBJUNCTIVE

PRESENT	IMPERFECT	PERFECT
je vende	je vendisse	j'aie vendu
tu vendes	tu vendisses	tu aies vendu
il vende	il vendît	il ait vendu
nous vendions	nous vendissions	nous ayons vendu
vous vendiez	vous vendissiez	vous ayez vendu
ils vendent	ils vendissent	ils aient vendu

INFINITIVE	PARTICIPLE
PRESENT	PRESENT
vendre	vendant
PAST	PAST
avoir vendu	vendu

VENIR
to come

PRESENT	**IMPERFECT**	**FUTURE**
je viens	je venais	je viendrai
tu viens	tu venais	tu viendras
il vient	il venait	il viendra
nous venons	nous venions	nous viendrons
vous venez	vous veniez	vous viendrez
ils viennent	ils venaient	ils viendront

PAST HISTORIC	**PERFECT**	**PLUPERFECT**
je vins	je suis venu	j'étais venu
tu vins	tu es venu	tu étais venu
il vint	il est venu	il était venu
nous vînmes	nous sommes venus	nous étions venus
vous vîntes	vous êtes venu(s)	vous étiez venu(s)
ils vinrent	ils sont venus	ils étaient venus

PAST ANTERIOR	**FUTURE PERFECT**
je fus venu etc	je serai venu etc

IMPERATIVE	*CONDITIONAL*	
	PRESENT	**PAST**
viens	je viendrais	je serais venu
venons	tu viendrais	tu serais venu
venez	il viendrait	il serait venu
	nous viendrions	nous serions venus
	vous viendriez	vous seriez venu(s)
	ils viendraient	ils seraient venus

SUBJUNCTIVE

PRESENT	**IMPERFECT**	**PERFECT**
je vienne	je vinsse	je sois venu
tu viennes	tu vinsses	tu sois venu
il vienne	il vînt	il soit venu
nous venions	nous vinssions	nous soyons venus
vous veniez	vous vinssiez	vous soyez venu(s)
ils viennent	ils vinssent	ils soient venus

INFINITIVE	*PARTICIPLE*
PRESENT	**PRESENT**
venir	venant
PAST	**PAST**
être venu	venu

207 VETIR
to dress

PRESENT	IMPERFECT	FUTURE
je vêts	je vêtais	je vêtirai
tu vêts	tu vêtais	tu vêtiras
il vêt	il vêtait	il vêtira
nous vêtons	nous vêtions	nous vêtirons
vous vêtez	vous vêtiez	vous vêtirez
ils vêtent	ils vêtaient	ils vêtiront

PAST HISTORIC	PERFECT	PLUPERFECT
je vêtis	j'ai vêtu	j'avais vêtu
tu vêtis	tu as vêtu	tu avais vêtu
il vêtit	il a vêtu	il avait vêtu
nous vêtîmes	nous avons vêtu	nous avions vêtu
vous vêtîtes	vous avez vêtu	vous aviez vêtu
ils vêtirent	ils ont vêtu	ils avaient vêtu

PAST ANTERIOR	FUTURE PERFECT
j'eus vêtu etc	j'aurai vêtu etc

IMPERATIVE	CONDITIONAL	
	PRESENT	PAST
vêts	je vêtirais	j'aurais vêtu
vêtons	tu vêtirais	tu aurais vêtu
vêtez	il vêtirait	il aurait vêtu
	nous vêtirions	nous aurions vêtu
	vous vêtiriez	vous auriez vêtu
	ils vêtiraient	ils auraient vêtu

SUBJUNCTIVE

PRESENT	IMPERFECT	PERFECT
je vête	je vêtisse	j'aie vêtu
tu vêtes	tu vêtisses	tu aies vêtu
il vête	il vêtît	il ait vêtu
nous vêtions	nous vêtissions	nous ayons vêtu
vous vêtiez	vous vêtissiez	vous ayez vêtu
ils vêtent	ils vêtissent	ils aient vêtu

INFINITIVE	PARTICIPLE
PRESENT	PRESENT
vêtir	vêtant
PAST	PAST
avoir vêtu	vêtu

PRESENT

je vis
tu vis
il vit
nous vivons
vous vivez
ils vivent

IMPERFECT

je vivais
tu vivais
il vivait
nous vivions
vous viviez
ils vivaient

FUTURE

je vivrai
tu vivras
il vivra
nous vivrons
vous vivrez
ils vivront

PAST HISTORIC

je vécus
tu vécus
il vécut
nous vécûmes
vous vécûtes
ils vécurent

PERFECT

j'ai vécu
tu as vécu
il a vécu
nous avons vécu
vous avez vécu
ils ont vécu

PLUPERFECT

j'avais vécu
tu avais vécu
il avait vécu
nous avions vécu
vous aviez vécu
ils avaient vécu

PAST ANTERIOR

j'eus vécu etc

FUTURE PERFECT

j'aurai vécu etc

IMPERATIVE

vis
vivons
vivez

CONDITIONAL

PRESENT

je vivrais
tu vivrais
il vivrait
nous vivrions
vous vivriez
ils vivraient

PAST

j'aurais vécu
tu aurais vécu
il aurait vécu
nous aurions vécu
vous auriez vécu
ils auraient vécu

SUBJUNCTIVE

PRESENT

je vive
tu vives
il vive
nous vivions
vous viviez
ils vivent

IMPERFECT

je vécusse
tu vécusses
il vécût
nous vécussions
vous vécussiez
ils vécussent

PERFECT

j'aie vécu
tu aies vécu
il ait vécu
nous ayons vécu
vous ayez vécu
ils aient vécu

INFINITIVE

PRESENT

vivre

PAST

avoir vécu

PARTICIPLE

PRESENT

vivant

PAST

vécu

209 VOIR
to see

PRESENT	**IMPERFECT**	**FUTURE**
je vois	je voyais	je verrai
tu vois	tu voyais	tu verras
il voit	il voyait	il verra
nous voyons	nous voyions	nous verrons
vous voyez	vous voyiez	vous verrez
ils voient	ils voyaient	ils verront

PAST HISTORIC	**PERFECT**	**PLUPERFECT**
je vis	j'ai vu	j'avais vu
tu vis	tu as vu	tu avais vu
il vit	il a vu	il avait vu
nous vîmes	nous avons vu	nous avions vu
vous vîtes	vous avez vu	vous aviez vu
ils virent	ils ont vu	ils avaient vu

PAST ANTERIOR	**FUTURE PERFECT**
j'eus vu etc	j'aurai vu etc

IMPERATIVE	*CONDITIONAL*	
	PRESENT	**PAST**
vois	je verrais	j'aurais vu
voyons	tu verrais	tu aurais vu
voyez	il verrait	il aurait vu
	nous verrions	nous aurions vu
	vous verriez	vous auriez vu
	ils verraient	ils auraient vu

SUBJUNCTIVE

PRESENT	**IMPERFECT**	**PERFECT**
je voie	je visse	j'aie vu
tu voies	tu visses	tu aies vu
il voie	il vît	il ait vu
nous voyions	nous vissions	nous ayons vu
vous voyiez	vous vissiez	vous ayez vu
ils voient	ils vissent	ils aient vu

INFINITIVE	*PARTICIPLE*
PRESENT	**PRESENT**
voir	voyant
PAST	**PAST**
avoir vu	vu

VOULOIR
to want

PRESENT	**IMPERFECT**	**FUTURE**
je veux	je voulais	je voudrai
tu veux	tu voulais	tu voudras
il veut	il voulait	il voudra
nous voulons	nous voulions	nous voudrons
vous voulez	vous vouliez	vous voudrez
ils veulent	ils voulaient	ils voudront

PAST HISTORIC	**PERFECT**	**PLUPERFECT**
je voulus	j'ai voulu	j'avais voulu
tu voulus	tu as voulu	tu avais voulu
il voulut	il a voulu	il avait voulu
nous voulûmes	nous avons voulu	nous avions voulu
vous voulûtes	vous avez voulu	vous aviez voulu
ils voulurent	ils ont voulu	ils avaient voulu

PAST ANTERIOR	**FUTURE PERFECT**
j'eus voulu etc	j'aurai voulu etc

IMPERATIVE	*CONDITIONAL*	
	PRESENT	**PAST**
veuille	je voudrais	j'aurais voulu
veuillons	tu voudrais	tu aurais voulu
veuillez	il voudrait	il aurait voulu
	nous voudrions	nous aurions voulu
	vous voudriez	vous auriez voulu
	ils voudraient	ils auraient voulu

SUBJUNCTIVE

PRESENT	**IMPERFECT**	**PERFECT**
je veuille	je voulusse	j'aie voulu
tu veuilles	tu voulusses	tu aies voulu
il veuille	il voulût	il ait voulu
nous voulions	nous voulussions	nous ayons voulu
vous vouliez	vous voulussiez	vous ayez voulu
ils veuillent	ils voulussent	ils aient voulu

INFINITIVE	*PARTICIPLE*
PRESENT	**PRESENT**
vouloir	voulant
PAST	**PAST**
avoir voulu	voulu

ACCROIRE
to believe

INFINITIVE
PRESENT
accroire

APPAROIR
to appear

PRESENT
il appert

INFINITIVE
PRESENT
apparoir

OUIR
to hear

INFINITIVE	*PARTICIPLE*
PRESENT	**PAST**
ouïr	ouï

INDEX

The verbs given in full in the tables on the preceding pages are used as models for all other French verbs given in this index. The number in the index is that of the corresponding *verb table*.

Bold type denotes a verb that is given as a model itself.

A second number in brackets refers to a reflexive verb model or to the model for a verb starting with an 'h' (indicating whether it is aspirated or not).

An N in brackets refers to a footnote in the model verb table.

Reflexive verbs are listed alphabetically under the simple verb form and the reflexive pronoun (se or s') is given in brackets.

We have indicated in the footnotes the few cases where a verb does not have the same auxiliary as its model.

INDEX

INDEX

INDEX

INDEX

INDEX

INDEX

INDEX

INDEX

INDEX